南海トラフ巨大地震の防災対策
地域防災のグランドデザイン

金沢工業大学 教授
地域防災環境科学研究所 所長
髙畠秀雄 *Takabatake Hideo*〈著〉

鹿島出版会

刊行に寄せて

　本著は、我が国の高層建築物構造解析の権威である髙畠秀雄教授が、長年にわたる社会資本の安全性に関する研究の成果を踏まえ、「巨大地震にどう備えるべきか」についての知見を集大成されたものです。

　その内容は、防災の初心者に向けて「なぜ災害が発生するのか、その際に心がけるべき対策」をあらゆる面でわかりやすく説明され、また、専門家に向けては「防災対策を定量的かつ効果的に決めるための理論解析」を示されています。

　なかでも、特に斬新と思われる点を以下に記します。

① 　地震発生のメカニズムをわかりやすく説明している。
② 　一般に土木構造物では材料の弾性域内の研究は進んでいるが、防災対策物では塑性域内の研究も重要であることを指摘している。
③ 　地震に対しては、静定構造物より不静定構造物が粘り強いことを解説している。
④ 　災害発生時の初動の遅れ、特にリーダーの行動の遅れが被害を増大させることについて、阪神・淡路大震災（1995年1月）や伊豆大島の集中豪雨による土砂災害（2013年10月）を例示して説明。一方、関東大震災（1923年9月）のときの後藤新平（内務大臣等）が1カ月以内に帝都復興院を創設し、速やかに復興にあたったことを高く評価している。
⑤ 　地震時の津波対策について、防潮堤への外力の作用や現実的な対策を提案し、そのうえで防災対策の過大評価を戒めている。
⑥ 　災害時の情報は、優先度を決め速やかに関係者や住民に伝えることの重要性を指摘している。

⑦　災害時に鉄道の踏切は Fail Safe（故障の際、安全側に動く）により閉められる。道路交通が止められることによって発生する渋滞の対策についても検討している。

　また、超巨大災害に有効な防災対策について、26項目の提言をされていますが、いずれの提言も適切で、これを熟読することにより、防災対策のノウハウを理解することができます。
　なお、最後に被災地への救援・支援のための緊急輸送についても述べられています。
　私自身、国家公務員、国会議員として社会資本の整備と防災の仕事に携わってきた技術者ですが、この著書は、防災、特に巨大地震について理論的かつ実務的に教えの多い優れた図書であると思います。

元防災大臣、国務大臣国家公安委員長
沓掛　哲男

まえがき

　2011年3月11日に発生した東日本大震災では、街並みが次々と巨大津波に飲み込まれていく映像に日本全国の人々が驚愕した。巨大津波は、海側のプレートが海溝で陸側のプレートの下に潜り込むことで発生する。海側プレートが毎年数cm移動して陸側プレートの下に潜り込む際、陸側プレートは海側プレートと接触している面で海側プレートに引きずり込まれ、陸側プレートの歪が蓄積される。この歪が限界値に達すると岩石の破壊が発生し、歪が解放されて陸側プレートが跳ね返って巨大地震が発生する。跳ね返りが海底に近いと海水面の大きな変動を生じ、巨大な津波が発生する。海側プレートの移動は継続的に生じており、何十年～何百年の周期で陸側プレートに蓄積した歪の解放が繰り返される。我が国はプレートが潜り込む海溝の近くに位置するので、繰り返される巨大地震との戦いは宿命である。

　現在、我が国が直面している最大の危機は、南海トラフ巨大地震と首都直下型地震である。いずれの地震ともに超巨大であり、大都市を壊滅状態にさせる恐れが極めて高い。2012年、内閣府中央防災会議より「南海トラフの巨大地震による津波高・浸水域等及び被害想定について」が発表された。南海トラフで地震が発生すると、巨大地震と巨大津波が生じるので両者に対する防災対策が必要となる。巨大地震に対する防災対策は構造物の耐震性を高めることにより対応できるが、巨大地震の数分後に来襲する巨大津波に対しては、地震対策以上の防災対策が必要となる。特に、巨大津波に対する対策は東日本の太平洋側地方以外はほとんど実施していないので、巨大津波が作用する太平洋側の沿岸地域に対する対策が新たに必要となる。

我が国の戦後の経済は、主に太平洋側の都市を中心に発展してきた。また、それと連動して人口も太平洋側都市に密集する傾向にある。国土の70％は山であり、限定された平野に近代的都市が展開され、地下空間の活用と高密度な土地利用により、高層ビルが林立するという都市形態である。このような脆弱な過密都市に巨大津波が来襲すると、壊滅的な被害になる。今日の日本の産業および経済基盤を一瞬にして失うと同時に、数十万人の死者と数千万人の被災者が発生する。まさに地獄であり、日本沈没である。この事態を回避するには、南海トラフ巨大地震に対する有効な防災対策を実施して、災害を最小限にすることが唯一の道であり、我が国の総合力を挙げて防災対策に真正面から取り組まなければならない。

　明治の文明開化後、近代国家になって経験した巨大震災は、関東大震災、阪神・淡路大震災、東日本大震災である。これ以外にも比較的大きな地震は毎年のように発生し、甚大な被害を及ぼしている。災害の経験とともに防災対策は進展しているが、発生した災害に対して想定していた最悪シナリオが常に過小評価の状態であることは遺憾である。

　超巨大災害に対する防災対策では、過去に発生した大震災に十分対応できなかった事項を補いながら防災対策を充実する方法が一般に用いられている。この方法は、これまで経験した個々の災害パターンには対処できるが、それらの対策が個々の現象に対する1本1本の矢であり、連携して大きな矢と成り得ない欠点がある。そのため、想定したシナリオを遥かに超える新しい激甚災害に対しては有効でない。

　超巨大災害では、災害が複合化した際に、過去の巨大災害に基づく災害パターンとは異なるスケールの災害が広域的に発生するので、新たな最悪シナリオを想定し、それに対する有効な防災対策を提示する方法が必要になってくる。特に、南海トラフ超巨大災害が極めて壊滅的な被害を大都市の人口密集地に発生させることから、その被害状況を先取りした防災対策が必要であり、失敗は許されない。

　超巨大災害に有効な防災対策には、過去の大震災で発生した災害が複合化し激甚性を増大させた際に生じる最悪シナリオを想定し、それを克服できる有効な防災対策をどのように確立すべきかを示すグランドデザインが

必要不可欠である。また、超巨大災害は我が国の存亡に関わる事態であるから、想定した最悪シナリオとは異なる災害パターンが発生しても安全といえるフェイルセーフでなければならない。

南海トラフ超巨大災害を克服するには、被災する太平洋側地域と救援・支援する日本海側地域が連携・協力して取り組まなければならない。発災した場合には、我が国の国力維持のため、早期に復興させないと日本は完全に沈没するという危機感を持つことが大切である。筆者は、平成24年11月に南海トラフ巨大地震に対する防災対策の基本姿勢を新聞発表し、被災する太平洋側地方と同時に救援・支援する立場の日本海側地方が一体となった防災対策が必要であることを指摘した。その後、日本建築学会シンポジウム、その他の講演会を通して、最悪シナリオを独自に提案し、超巨大災害に対する防災対策の基本的考え方を発表してきた。

南海トラフ巨大災害に対する国の取り組みが内閣府を中心に対応することになり、多くの新しい知見・方策が積極的に次々と発表されてきている。超巨大災害に対する国の真剣な取り組みに大きな期待と関心を持っている。しかし、これらの知見・方策を実施する場合、超巨大災害に対する防災対策の基本姿勢は、既存技術のみに依存せずに、今後開発すべき新しい技術を見据えた新しい視点が必要であると痛感している。

本書は、南海トラフ超巨大災害に対する防災対策についてのグランドデザインについて提案する。

南海トラフ巨大災害に対する防災対策として、最初に、これまで経験した大災害の教訓に基づく防災対策の改善事項を述べる。次に、独自の見解で最悪シナリオを想定し、それを克服する新しい防災対策のグランドデザインを提案する。

内閣府の発表およびマスコミ等の報道により、南海トラフ巨大災害に対する脅威が提唱され、一般市民にまで防災の重要性が広く理解される状況にあるのは好ましいことである。しかし、この巨大災害に対してどのように対処すれば災害を減らし、日本沈没を避けることができるかを示すグランドデザインは、ほとんど提案されていない。本書は、何が問題であるか

を示し、それを解決する方法について具体的に提言する。日本の行政機構は細分化されているので、各省庁間にわたる防災対策の実施にはグランドデザインに基づいた横断的対策が不可欠である。

本書は、防災の専門家に加えて、南海トラフの防災対策についてより深く知りたい市民、企業、行政を対象として、南海トラフ超巨大災害に対応した防災対策を平易に解説するとともに、問題解決に向けての新しい技術開発の契機となることを願って執筆したものである。

本書は6章からなる。第1章は、我が国に発生する海洋型巨大地震がどのようにして起こるのか、地震の発生を伝える観測システムと地震波の伝わり方等について述べる。

第2章は、近年に発生した大災害とその教訓について概説する。大災害に基づく教訓がどのように実施され、新たな課題となる事項について具体的事例を挙げて説明する。また、耐震対策として注目されている諸現象として、地盤の液状化、芦屋浜高層住宅の極厚断面部材の破断、超高層ビルの簡易解析理論、岩手・宮城内陸地震の上下動、既存建築物の耐震診断法、長周期地震動による超高層ビルの大きな横揺れ、津波の伝播についてもわかりやすく解説する。

第3章は、南海トラフ巨大地震がどのような脅威を持っているのかを示し、防災対策の考え方と基本姿勢を提示する。また、巨大災害に対する現行の法律の考え方を紹介する。

第4章は、被災する太平洋側地方の防災対策について、留意点と超巨大災害に有効な防災対策を独自の発想で提言する。

第5章は、南海トラフ超巨大災害がこれまで経験したことのない激甚災害になることを想定し、それを救援・支援する日本海側地方の防災対策について独自の発想に基づき提言する。

第6章は、超巨大災害に強い産業基盤を構築するにはどのようにすべきかについて提言する。

以上、提案する防災対策は、超巨大災害に対する最悪シナリオを大所高所から検討して筆者が独自に検討した提言であるが、内閣府を中心とした南海トラフ巨大地震対策として、一部検討・実施されている事項も含まれる。しかし、ほとんどは新しい発想に基づく提言である。

　本書が超巨大災害に対する認識の見直しと、防災対策の方向性を示唆することに役立てば幸甚の至りである。

2014年7月

髙畠　秀雄

目　次

刊行に寄せて
まえがき

第1章　巨大地震の発生と観測システム　15
1.1　巨大地震の発生　15
　　(1)　マグニチュード　20
1.2　地震に関する観測システム　21
1.3　地震波の伝わり方　23
1.4　震度　30

第2章　近年の大災害と教訓　37
2.1　関東大震災の教訓　38
　　(1)　安全な避難場所と収容者の制限　38
　　(2)　確実な情報が不足する状況　40
　　(3)　地震予知　41
2.2　阪神・淡路大震災の教訓　41
　　(1)　震災の帯　42
　　(2)　中高層建物の中間階が層崩壊　42
　　(3)　新幹線の被害　43
　　(4)　地下鉄構造物の被害　43
　　(5)　地盤の液状化　43
　　(6)　木造住宅の倒壊と火災　43
　　(7)　既存不適格建築物　44
　　(8)　道路高架橋の倒壊　45

(9) 災害時の初動体制の遅れ …………………………………… 47
2.3　東日本大震災の教訓 ……………………………………………… 49
　　　(1) 地盤の液状化 ………………………………………………… 50
2.4　芦屋浜高層住宅の被害と教訓 …………………………………… 55
　　　(1) 芦屋浜高層住宅における破断例 …………………………… 55
　　　(2) 超高層ビルの簡易解析理論の開発 ………………………… 62
　　　(3) 超々高層ビルに対する1次元棒材理論の応用 …………… 71
　　　(4) 1次元棒材理論から2次元棒材理論への拡張 …………… 76
2.5　岩手・宮城内陸地震の教訓 ……………………………………… 78
　　　(1) 共振現象 ……………………………………………………… 80
2.6　既存鉄筋コンクリート造建築物の耐震診断 …………………… 83
2.7　長周期地震動による高層ビルの大きな横揺れ ………………… 90
2.8　巨大津波 …………………………………………………………… 96
2.9　防災対策のセレモニー化 ………………………………………… 106
2.10　被災地の安全確保 ………………………………………………… 108

第3章　南海トラフ巨大地震の脅威 ……………………… 113
3.1　南海トラフ巨大地震の脅威 ……………………………………… 113
3.2　南海トラフ巨大災害の最悪シナリオ …………………………… 116
　　　(1) 巨大地震による最大震度と被害 …………………………… 117
　　　(2) 巨大津波による最大津波高 ………………………………… 119
　　　(3) 南海トラフ巨大地震の最悪シナリオ ……………………… 119
　　　(4) 経済的損失 …………………………………………………… 122
3.3　南海トラフ巨大地震に対する防災対策の考え方 ……………… 122
3.4　南海トラフ巨大地震に対する防災対策の基本姿勢 …………… 124
3.5　南海トラフ巨大地震に関連する法律と対応 …………………… 127
　　　(1) 災害対策基本法 ……………………………………………… 128
　　　(2) 避難所等における取組指針 ………………………………… 135
　　　(3) 「災害救助法」による対応 ………………………………… 136

第4章　被災する太平洋側地方の防災対策 143
4.1　被災地の防災対策の留意点 144
- (1) 巨大地震に対する建物およびインフラの耐震化 144
- (2) 緊急輸送道路の耐震化 146
- (3) 防災拠点の耐震化・機能強化 147
- (4) 巨大津波に対する防災対策 148
- (5) 情報通信システムと非常時電力の確保 149
- (6) 石油コンビナートに対する防災対策 150
- (7) オートロック機能の住宅 152

4.2　超巨大災害に有効な防災対策の提言 153
- (1) 提言-1　津波避難ビル群による津波の作用を低減する防災対策 153
- (2) 提言-2　粘り強い防潮堤・防波堤の開発 155
- (3) 提言-3　海岸防潮林における津波波力を低減するメカニズムの開発 165
- (4) 提言-4　地下街および地下鉄の津波対策 167
- (5) 提言-5　巨大津波に対する社会資本施設の連携体制の構築 167
- (6) 提言-6　災害時の電力供給船の整備 168
- (7) 提言-7　災害時に強い通信システムの開発 169
- (8) 提言-8　災害時の避難勧告等の伝達手段の開発 170
- (9) 提言-9　帰宅困難者対策 175
- (10) 提言-10　救助ヘリコプターの活用 178
- (11) 提言-11　災害時の救急医療体制の構築 180
- (12) 提言-12　インフラの耐震性の向上と下水・ゴミ処理対策 183
- (13) 提言-13　被災者の飲料水および食糧の確保 184
- (14) 提言-14　被災地での乳幼児等の支援システムの構築 187
- (15) 提言-15　避難施設(体育館)の居住環境の改善 187
- (16) 提言-16　被災地におけるアスベスト対策 190
- (17) 提言-17　生命探査技術を用いた被災者の広域的捜査法の開発 191

- (18) 提言-18　膨大な災害廃棄物の処理法の開発 ……………………… *191*
- (19) 提言-19　被災地の安全対策 ……………………………………… *193*
- (20) 提言-20　維持管理を容易にする軸力系構造形式の推進 ……… *196*
- (21) 提言-21　高層集合住宅の火災対策 …………………………… *201*

第5章　日本海側地方の防災対策 …………………………………… *207*

5.1　救援・支援に際しての防災対策の基本方針 …………………… *207*
- (1) 救援・支援ができる防災対策 ……………………………… *207*
- (2) 救援・支援の緊急輸送道路の確保 ………………………… *209*
- (3) 大量輸送手段の確保 ………………………………………… *210*
- (4) 救援活動の基盤構築 ………………………………………… *211*

5.2　超巨大災害に有効な防災対策の提言 …………………………… *212*
- (1) 提言-1　鉄道による大量輸送の構築 ……………………… *212*
- (2) 提言-2　大型救援物資の輸送 ……………………………… *214*
- (3) 提言-3　救援・支援物資に特化した大型輸送車の開発 … *219*
- (4) 提言-4　大型救援物資および機材の中間地確保 ………… *219*
- (5) 提言-5　緊急時の食料支援体制の確保 …………………… *220*

第6章　超巨大災害に強い産業基盤の再構築 ……………………… *223*

第1章
巨大地震の発生と観測システム

1.1 巨大地震の発生

　2011(平成23)年3月11日午後2時46分、M9.0の東北地方太平洋沖地震が発生した。この巨大地震が発生する前々日の9日には多くの地震が発生し、11時15分には、震源を三陸沖としたM7.3の地震(最大震度5弱)が、10日にはM6クラスの地震が多発している。地震の予知は極めて困難であるが、前々日、前日に発生した地震を一連の地震活動の前兆現象として捉え、巨大地震の発生を予知できなかったことは、耐震設計に携わる研究者として悔やまれる次第である。

　日本は地震の多い国であり、世界で起こる地震のうち2割が日本に集中している。地震は断層と密接に関係し、断層での急激なずれにより発生する。断層は陸地と海とに存在する。陸地の断層は全国各地に点在するが、巨大地震は、海の断層である海溝(トレンチ：trench)または溝(トラフ：trough)でのプレートの潜り込みにより生じる。地質学においては、海に生じる断層について6,000mを超える深さにある場合を海溝(trench)と呼び、それより浅い位置にある断層を溝(trough)と呼んで両者を区別している。

　プレートテクトニクスによると、地球表面を覆っているプレートが移動し、海側のプレートが海溝または溝で陸側のプレートの下に潜り込む。日本周辺のプレートは図1-1のようになっている。

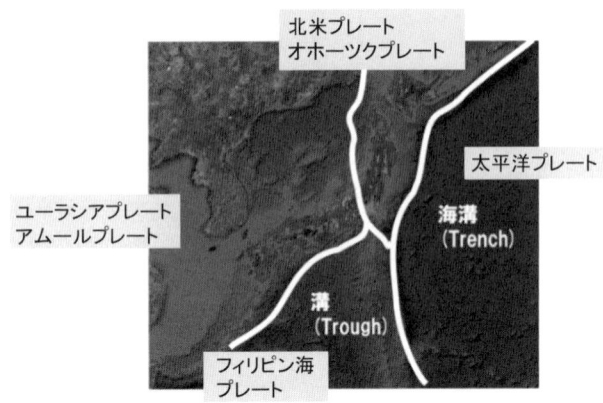

図 1-1　日本周辺のプレート[1]

　太平洋側に位置するプレートは太平洋プレートとフィリピン海プレートであり、これらのプレートは陸側のプレートであるユーラシアプレートの下に潜り込む。一方、日本海側にも北米プレートがあり、これがユーラシアプレートの下に潜り込んでいる。太平洋プレートの移動量は1年間8cm程度であり、フィリピン海プレートの4～5cmに比べて約2倍になる。これらの海側のプレートが陸側のプレートの下に潜り込む際、陸側のプレートが図1-2に示すように引きずり込まれ、プレートに生じる歪が破壊歪を超えると陸側のプレートが跳ね返る。この跳ね返りにより地震が発生する。

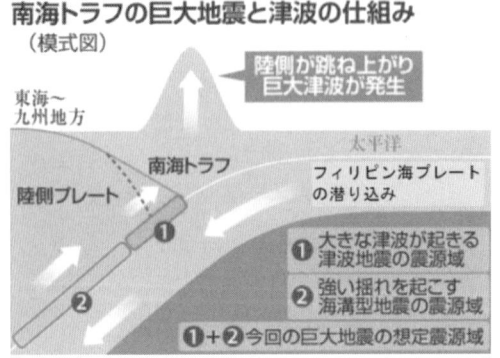

図 1-2　海側プレートの潜り込みによる地震と津波の発生メカニズム[2]

跳ね返りが表層近くにあると、地表を大きく変動させるので、地震のマグニチュードも大きくなり、また、海面変動も大きくなって巨大な津波を発生させることになる。一方、陸側プレートの跳ね返りが深い位置で発生する場合は、地表の変動は大きくないので、地震のマグニチュードも比較的小さく、かつ、海水の変動も大きくならず津波の発生は少ない。

図1-3に、日本周辺のプレート境界付近で発生した大地震の震央分布を示す。太平洋側の海溝および溝に巨大地震が発生していることがわかる。しかし、日本海側の海溝にも大地震が発生していることに注目すべきである。従来、日本海には津波の発生は少ないと考えられているが、海溝が陸地に近いことから、大地震が発生すると津波が短時間で到達するので、防災対策上留意する必要がある。

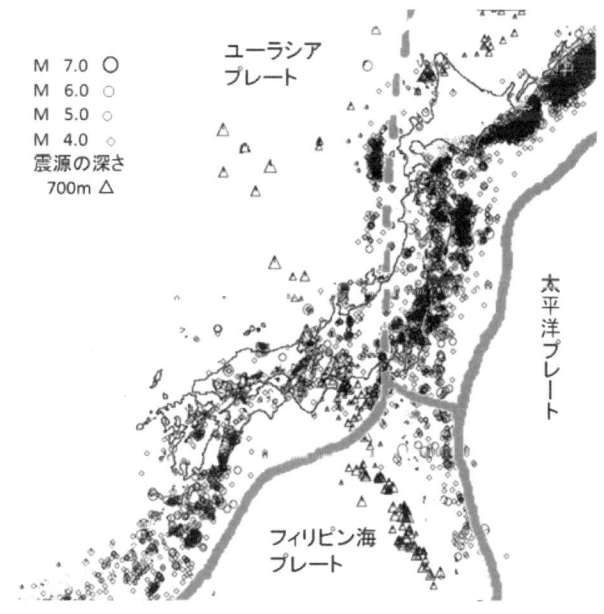

図1-3　日本周辺のプレート境界付近で発生した大地震の震央分布[3]

一方、陸地の断層はほぼ全国的に位置する。その断層の中で、「現在および将来に地震が起こる断層」を活断層（active fault）と呼ぶ。断層は過去の地震の際に動いた傷跡であり、特に、新生代第四紀つまり約200万年前から現在まで繰り返し動いた断層を活断層として、地震の発生が高いとして注目している。我が国には約2,000の活断層があるが、現在、基盤的調査観測の対象となっている活断層は図1-4に示す100断層である。陸地の断層として有名なのは、四国山脈から近畿に延びる中央構造線断層帯、糸魚川と静岡を縦断する糸魚川－静岡構造断層帯、兵庫県南部地震での野島断層、濃尾地震での根尾谷断層等がある。

図1-5に日本の断層の主要な構造線を示す。これらの断層構造線は、フィリピン海プレートにより運ばれた島々が結合して四国山脈を形成してきたことを如実に物語っている。

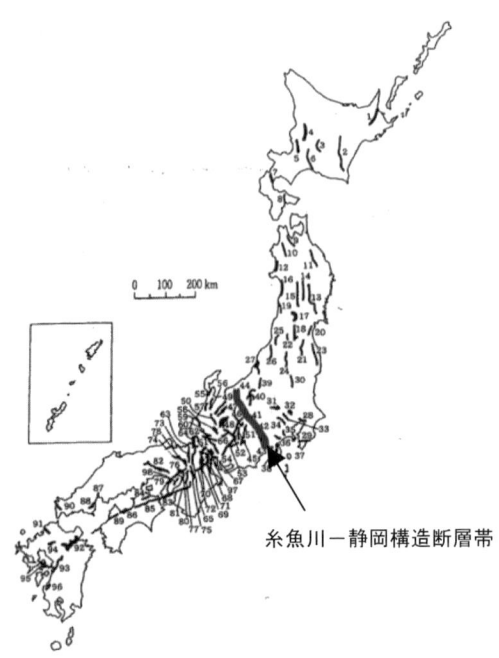

図1-4　基盤的調査観測の対象となっている日本の活断層[4]

1.1 巨大地震の発生　19

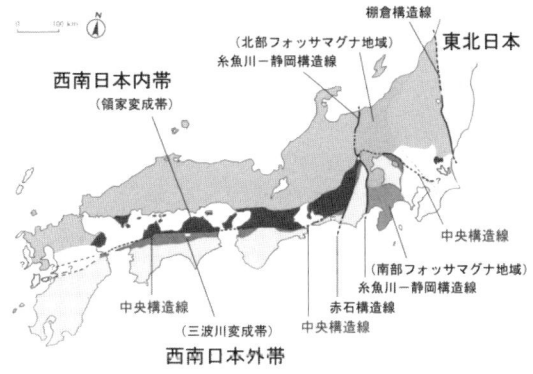

図1-5　日本の構造線[5)]

　巨大地震は1回きりの発生ではなく、数個の地震が立て続けに連動して発生するとともに大きな余震も頻発する。東日本大震災では、図1-6に示すように、本震(11日午後2時46分発生)以後も数分を経て大地震が広大な領域で連発した。巨大地震が数個の巨大地震を連動することは古文書等でも言われていたことであったが、東北地方太平洋沖地震では、このことを改めて証明したことになる。

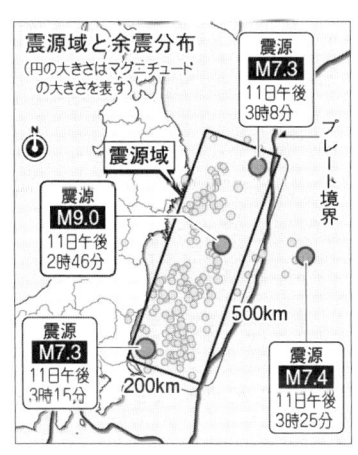

図1-6　巨大地震の連動[6)]

(1) マグニチュード

地震の大きさを表すのにマグニチュード(magnitude)が使用される。マグニチュードにはいくつもの種類があり、表面波マグニチュード M_s は次式で定義される[7]。

$$M_s = \log\left(\frac{A}{T}\right) + 1.66\log\Delta + 3.30$$

ここに、A は表面波の振幅、T は周期、Δ は震央距離である。表面波マグニチュード M_s は、地震のエネルギー E(erg)と対数関係にあり、次式で表される。

$$\log_{10}E = 11.8 + 1.5M_s$$

マグニチュードの値が1大きくなると、地震のエネルギー E(erg)は約32倍の大きさとなる。マグニチュードが2増えると、地震のエネルギーは1,000倍になる。また、マグニチュードが8を超える巨大地震では、実際の地震の大きさよりもマグニチュードが小さくなるマグニチュードの頭打ちの現象が発生するので、表面波マグニチュードに代わり次式で定義されるモーメントマグニチュード(moment magnitude) M_w が使われる。

$$M_w = 0.67\log M_0 - 10.70$$

ここに、M_0 は地震モーメント(単位：erg)であり、地震が断層上のずれにより発生することから、断層面の大きさと、そこでのずれの積として定義される。断層面のずれが一様と仮定すると、$M_0 = \mu DS$ で表せる。ここに、μ＝断層面の剛性率(地殻に対しては32,000MPa、マントルに対しては75,000MPa)、D＝断層の食違い量(ずれ)の大きさ、S＝断層の面積である。

我が国では、地震の大きさは気象庁マグニチュード M_j を使用している。気象庁マグニチュードは、周期5秒程度の地震波の振幅を使って計算され、建物の被害等と良い相関があると言われている[8]。

東日本大震災は、モーメントマグニチュード M_w が9.0であり、日本の地震観測史上最大であった。破壊断層は南北400km、東西200km、最大滑り量は30〜60mと推定されている。震源域は、岩手県沖と茨城県沖にかけて

幅約 200km、長さ約 500m と広範囲である。

1.2 地震に関する観測システム

1995 年に発生した阪神・淡路大震災以後、大地震に対する観測網の整備が行われている。図 1-7 に示すように、全国を約 20km 間隔で均等に覆う 1,000 点に地震計を設置した地震の観測システムとして K-NET（Kyoshin Net：全国強震観測網）が構築された。

一方、KIK-net（Kiban-Kyoshin Net：基盤強震観測網）の地震計設置位置では、観測用の井戸が掘削されており、地表に加えて地下数百 m の位置にも地震計が設置されている。このシステムは、登録すれば誰でも地震波をインターネットで入手でき、運用は独立行政法人防災科学技術研究所が行っている。震度計は、気象庁、地方公共団体および独立行政法人防災科学研究所により全国約 4,400 カ所（平成 26 年 1 月現在）に設置されている。

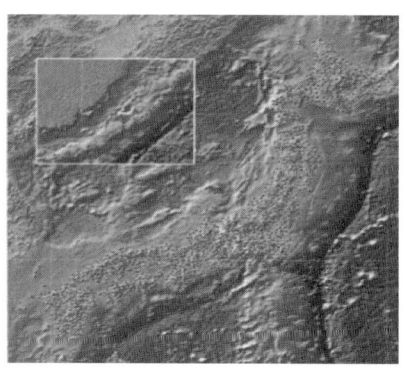

図 1-7　K-NET 観測点（全国 1,000 点）[9]

また、国土地理院は図 1-8 に示すように、日本全国 1,200 点の位置に GPS 連続観測システム（GEONET）を構築している。このシステムを利用すると、地震により日本の地形がどのように変形したかを把握できる。図 1-9 は、東日本大震災により日本列島が震源である海溝の方向に大きく変形したことを示している。

22　第1章　巨大地震の発生と観測システム

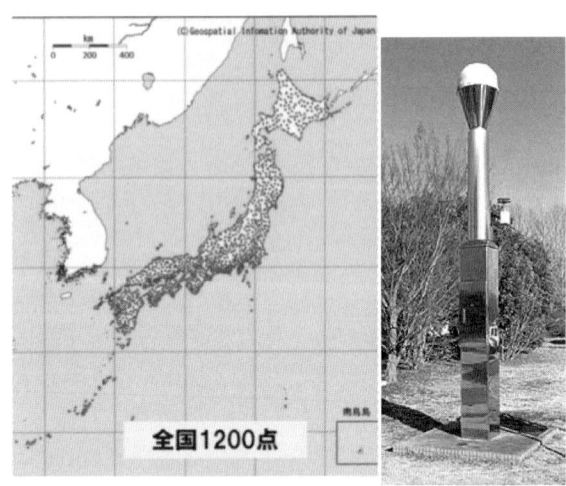

図1-8　GPS連続観測システム(GEONET)[10]

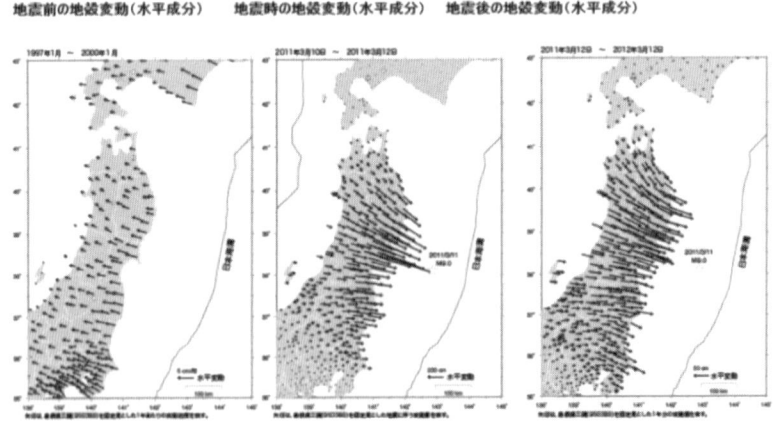

図1-9　地殻変動[11]

1.3 地震波の伝わり方

地震は地殻の破壊や断層により生じる。断層のタイプは、断層面がどの方向にずれたかにより、図 1-10 のように分類される。

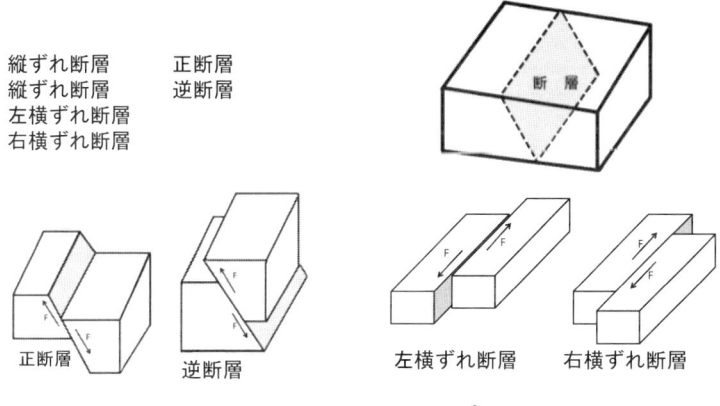

縦ずれ断層
　縦ずれ断層　正断層
　　　　　　　逆断層
左横ずれ断層
右横ずれ断層

正断層　　逆断層　　左横ずれ断層　　右横ずれ断層

図 1-10　断層のタイプ

地震の発生源である震源から観測点(サイト)までの呼称は、図 1-11(a)のように、震源距離、震央距離、震央等で呼ばれる。

震源で発生したせん断破壊からエネルギーが放出されて、地震波が周辺の地殻に伝播され、地殻を通してP波およびS波の形態で伝播する。P波とS波の違いは、波の伝え方による違いである。P波は地盤が伸びたり縮んだりの体積変化をして波を伝える。一方、S波は体積変化なしにせん断変形をして波を伝える。観測点に伝わる地震波の伝わり方は、図 1-11(b)に示すように、震源から硬い地殻を通してP波およびS波が直接伝播するケースと、P波およびS波が地殻を通して地表面に出て、地表面を伝播する表面波として観測点に伝播するケースがある。震源が近い場合、表面波は発生しない場合がある。

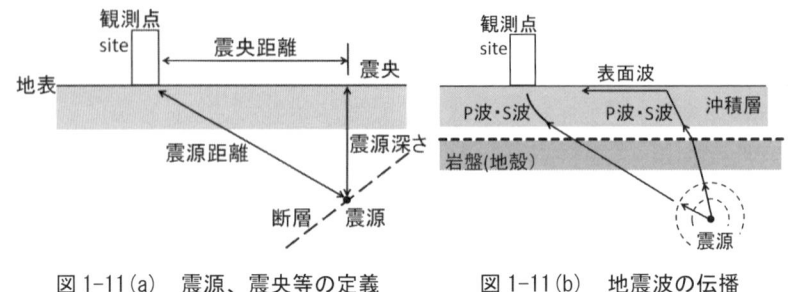

図1-11(a)　震源、震央等の定義　　図1-11(b)　地震波の伝播

　表面波は波の伝播する形状により、Love 波（S 波の運動と同じで波動の方向に直角面にせん断変形する）と Rayleigh 波（海波のうねりのように、進行方向に直角面に垂直および水平方向の両方に動く）とに分かれる。**図1-12** に、これらの地震波の伝わり方を示す。

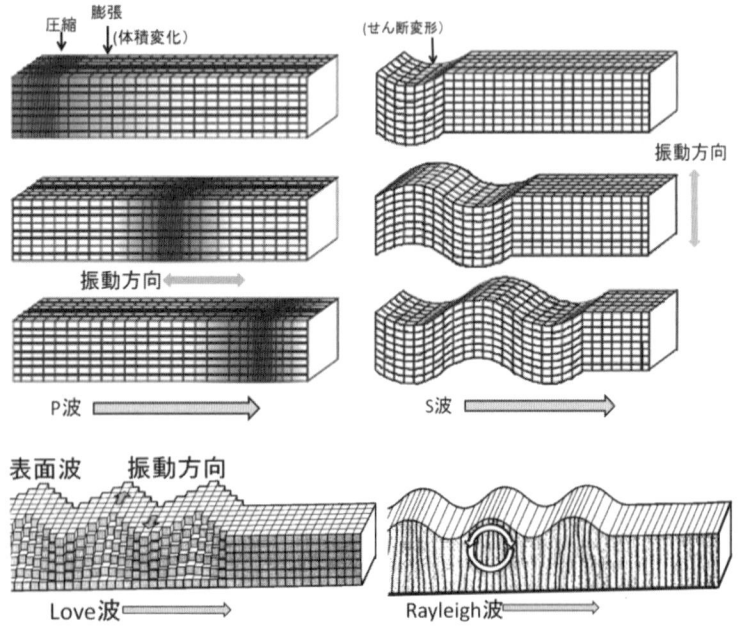

図1-12　地震波の波形 [12)13)]

P波(圧縮波：Pressure wave)は、固体や水を通って伝播できる。一方、S波(せん断波：Shear wave)は、波の進行方向に直角方向に固体をせん断変形させて波を伝播するので、P波より遅く、水を通しての伝播はできない。一方、表面波は地表のみを伝播し、P波およびS波よりも遅い。波の伝搬速度は以下のようになる。

P波＞S波＞Love波＞Rayleigh波

P波の速度は1.5～8km/sであり、S波の速度はP波の50～60%である。P波の速度v_pおよびS波の速度v_sは、

$$v_p = \sqrt{\frac{E(1-\mu)}{\rho(1+\mu)(1-2\mu)}}$$

$$v_s = \sqrt{\frac{E}{2\rho(1+\mu)}}$$

で与えられる。ここに、ρは弾性体の質量密度、μは弾性体のポアソン比であり0.3～0.5である。一方、Eは弾性体のヤング係数である。硬い地殻ほどヤング係数Eが大きいので、地震波の伝播速度は速くなる。地殻が地下深部岩盤(花崗岩)の場合、P波の速度は5.5km/s、S波の速度は3km/sとなる。

一方、Rayleigh波の速度は概ねS波の90～95%である。ポアソン比が0.5の場合、Rayleigh波はS波の速度に近いことから、Rayleigh波の伝播速度を測定してS波の伝播速度とみなせる。S波の速度がわかると、当該地盤の物性特性が把握できる。構造物にとっては、地盤のせん断変形を伴うS波によるダメージが大きいことから、P波とS波の伝播速度の差を利用して、緊急地震速報が設けられている。これは、P波を感知したら、S波が到達するまでの時間差によって地震が到来することを伝達するシステムである。震源が近い場合は、P波とS波はほぼ同時に来るので有効ではないが、震源が遠い場合は有効となる。概ね、最初にP波による地震の揺れを感じて、次に大きな横揺れを感じるまでの時間(秒単位)に6kmを掛けた距

離が、震源距離と推定できる。

地震波の伝播速度は、地殻のヤング係数 E が大きいほど速く伝わる。地殻のヤング係数は地殻の内部（表層より深い）ほど大きいので、地殻内部のより深い層から伝わる。地震波が地盤中を伝播する間にエネルギーを消耗して弱くなっていく現象を距離減衰と呼ぶ。地震波は地盤中を伝播していくと、地盤の性質が異なる部分では、光の屈折・反射で用いられるスネルの法則（図1-13）により、透過する地震波は屈折し、一方、反射する波は入射波とは異なる波となり、P波の成分とS波の成分に分かれる。

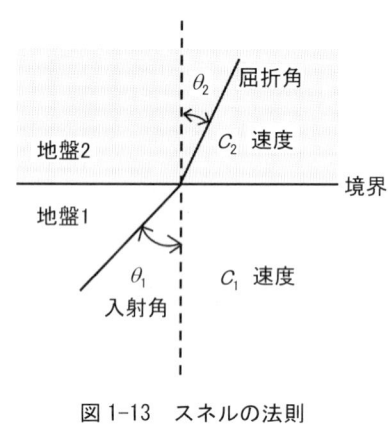

図1-13　スネルの法則

地盤の境界で発生する屈折波は、スネルの公式によると次式で表せる。

$$\frac{\sin \theta_2}{\sin \theta_1} = \frac{C_2}{C_1}$$

ここに、θ_1、C_1＝地盤1の地震波の入射角と波動伝播速度、θ_2、C_2＝地盤2の地震波の屈折角と波動伝播速度である。

一般に、地殻は下層ほど硬い地盤であり、地表面に近い層ほど軟弱になる傾向がある。地盤の波動伝播速度が $C_2 \ll C_1$ の場合、入射角 θ_1 が大きくても屈折角 θ_2 は0に近い値になり、ほぼ垂直状態で下の地盤層から上層の地盤層に伝播する。したがって、震源で発生した地震波は地殻の硬い層を伝播し、建築物の直下で屈折して建築物のほぼ直下から建築物に作用する。

地盤は多くの層で構成されているので、その層間の境界でスネルの法則に従い屈折を繰り返して最上階の地盤へ伝播する。したがって、地盤が多層の成分地盤からなる場合、これらの屈折はそれらの境界ごとでの積となる。

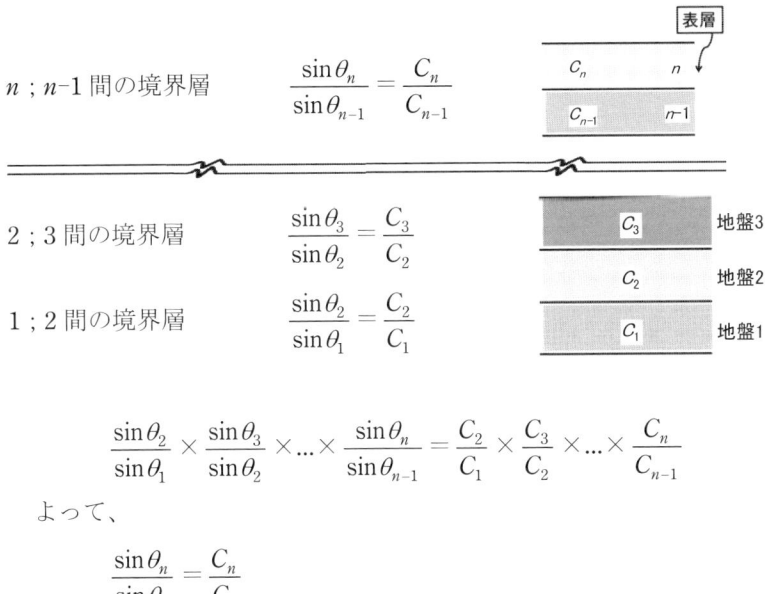

$n ; n\text{-}1$ 間の境界層　　　$\dfrac{\sin\theta_n}{\sin\theta_{n-1}} = \dfrac{C_n}{C_{n-1}}$

$2 ; 3$ 間の境界層　　　$\dfrac{\sin\theta_3}{\sin\theta_2} = \dfrac{C_3}{C_2}$

$1 ; 2$ 間の境界層　　　$\dfrac{\sin\theta_2}{\sin\theta_1} = \dfrac{C_2}{C_1}$

$$\dfrac{\sin\theta_2}{\sin\theta_1} \times \dfrac{\sin\theta_3}{\sin\theta_2} \times ... \times \dfrac{\sin\theta_n}{\sin\theta_{n-1}} = \dfrac{C_2}{C_1} \times \dfrac{C_3}{C_2} \times ... \times \dfrac{C_n}{C_{n-1}}$$

よって、

$$\dfrac{\sin\theta_n}{\sin\theta_1} = \dfrac{C_n}{C_1}$$

したがって、多層からなる成層地盤の波動伝播速度は、中間の層の波動伝播速度にかかわらず、最下層と最上層の地盤の伝播速度に依存する。地殻の深い層での伝播速度 C_1 は地表の地層の伝播速度 C_n に比べて遥かに大きいことから、地震波は建築物の直下から入ってくる。波動の動きからP波は上下動となり、S波は水平動となり作用する。

硬い地盤の一部に軟らかい地盤があると、地震波は軟らかい地盤の方に屈折し曲がる性質がある。これは、レンズを通る光が曲がって焦点を結ぶ現象と似ているのでフォーカス現象(図1-14)と呼ぶ。フォーカス現象により、硬い地盤を伝播してきた地震波は軟弱地盤があると多くの地震波が集中する。硬い地盤から軟らかい地盤へは透過するが、軟らかい地盤から硬い地盤へは透過はなく、硬い地盤との境界面ではほとんど反射してしまう。

周辺が硬い地盤で囲まれた軟らかい堆積層からなる地盤で形成されている都市の地盤では、軟弱地盤に入り込んだ地震波が何度も境界で反射し減衰をしないことが指摘されている。このような地盤の形態から成り立っている全国の平野、都市では長周期地震動は発生しやすく、また、減衰が少ないので長時間にわたり地震動の影響を受ける。

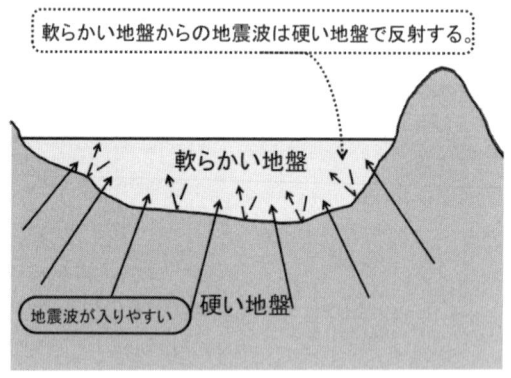

図1-14　フォーカス現象

　地盤の良し悪しは、構造物が建設される場所の地名により知ることもできる。特に、地盤耐力の喪失は地盤中に含まれる水に大きく依存する。地名が浦、津、潟、川、浜、崎、戸、門、沼、泥等の水に関係する語句を含む場合は、概して液状化の発生が危惧される。自然災害は何度も繰り返されてきたことから、これらの地名が今後発生する災害のシグナルと捉えることもできる。また、海岸近くの平野にある神社や仏閣が、平地ではなく周辺より高く盛り上げた場所に設置されている場合は、過去に水害や津波により水が来たために地域住民が避難する場所として盛り上げたと推測できる。現在、地盤を掘り下げて、津波により運ばれてきた痕跡である砂層を見つけることにより、津波が、いつの時期にどの程度の周期で何回来襲して来たのかの調査が研究者により実施されている。痕跡調査の場所として、津波の来襲を示す地盤層が乱されない状態で長時間保存できている湖や海岸等が選定される。

このような本格的な調査を始める前に、建築物を建設する場所の周辺状態を把握することにより、地盤の良し悪し、災害に対する危険性を把握することができる。概ね鉄筋コンクリート構造の建物が多く建設されている場所は、地盤が比較的良いと判断できる。鉄骨造建築物が多い場合は、地盤が悪いとみなせる。一般に、地盤は山側の方が良く海側の方が悪い。これは、山より流出した土砂が堆積して地形を形成した結果であり、礫等の比較的重い粒子は上流に止まり、下流には小さい粒子が流される。下流では、本来の地盤に多くの堆積物が積み重なることで海から陸地に変化したことから、地盤は軟弱である。

山を切り開いて宅地等を整地した場合、山の上を切り取った部分(切土部分)と、切り取った土を盛った部分(盛土部分)とでは、地盤の強さは格段の差がある(図 1-15)。

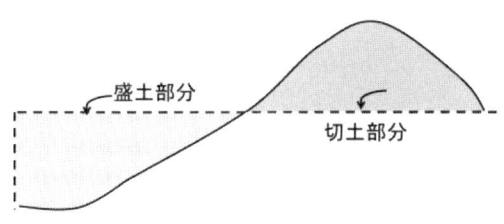

図 1-15　地盤の切土と盛土

切土部分は、切り取る前にそれより上に存在していた地盤の重さが作用していたので十分に圧密されている。一方、盛土部分は短時間に盛土しているので圧密が十分でなく、時間の経過とともに沈下をする。古代の遺跡調査で掘られている地盤の深さは数 10cm～1m 弱であり、極めて長時間をかけてこの程度の深さしか堆積していない。これに対して盛土部分は、自然の力では非常に多くの時間を要して圧密されながら堆積するのを、一瞬にして地盤を造成することになり、このままの状態では建築物を建てる用地としては適さない。

盛土部分の圧密を促進する方法として、その部分に土を盛って荷重を載荷する方法(図 1-16)があるが、盛土の深さにも関係するが、十分な圧密を

するには長時間を要する。切土部分、盛土部分がある用地は、切土部分には建築物を建て、盛土部分は、運動場等として使用し、原則建築物は建てない方がよい。無理をして盛土部分に建築物を建てた場合、地震による被害が発生する可能性は極めて高い。また、建設地が歩行困難なほど地盤が悪い場合は、地盤対策に多くの費用を要すると考えなければならない。

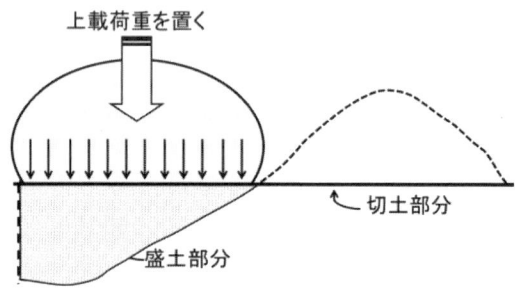

図 1-16　盛土部分に土盛りして圧密を促進

1.4　震度

　地震が発生すると、全国各地に設置された地震計の観測システムにより地震の大きさを表すマグニチュードが発表されると同時に、場所ごとの揺れの強さを表す震度が発表される。震度とマグニチュードとは対象とする現象が異なり、
- 震度は場所ごとの地震の揺れの強さ
- マグニチュードは発生した地震の大きさ(強さ)

を表す。したがって、震度は場所ごとに異なり、震源から遠くなるほど一般には小さくなる傾向がある。しかし、海溝に潜り込んだ海洋プレートの深い場所で発生する深発地震では、震源直上の地表の揺れ(震度)は小さくても、硬いプレートを伝播した地震波が減衰することなく、陸側プレートとの境で大きな揺れを発生する異常震域となる場合がある。

日本で発表される震度は気象庁震度階級によるものであり、世界的に使用されているMM震度階(改正メリカル震度階)とは異なる。また地震動は地盤を通して伝播されるので、各地により異なる。震度は震度計が置かれている地点での計測値から判断され、計測震度と呼ばれる。震度の大きさは最小0から最大7に階級分けされていて、震度5および6は、それぞれ弱と強とに細分される。これは、震度5および6は構造物の被害と密接に関係するので、発生し得る被害をより詳細に説明できるように細分している。

気象庁震度階級による人の体感・行動、屋内外の状況、木造建物(住宅)の状況、鉄筋コンクリート造建物の状況、地盤・傾斜等の状況、ライフライン・インフラ等への影響を、気象庁震度階級関連解説より**表1-1〜表1-5**に記す。

表1-1 人の体感・行動、屋内の状況、屋外の状況[14]

震度階級	人の体感・行動	屋内の状況	屋外の状況
0	人は揺れを感じないが、地震計には記録される。	—	—
1	屋内で静かにしている人の中には、揺れをわずかに感じる人がいる。	—	—
2	屋内で静かにしている人の大半が、揺れを感じる。眠っている人の中には、目を覚ます人もいる。	電灯などのつり下げ物が、わずかに揺れる。	—
3	屋内にいる人のほとんどが、揺れを感じる。歩いている人の中には、揺れを感じる人もいる。眠っている人の大半が、目を覚ます。	棚にある食器類が音を立てることがある。	電線が少し揺れる。
4	ほとんどの人が驚く。歩いている人のほとんどが、揺れを感じる。眠っている人のほとんどが、目を覚ます。	電灯などのつり下げ物は大きく揺れ、棚にある食器類は音を立てる。座りの悪い置物が、倒れることがある。	電線が大きく揺れる。自動車を運転していて、揺れに気付く人がいる。

震度階級	人の体感・行動	屋内の状況	屋外の状況
5弱	大半の人が、恐怖を覚え、物につかまりたいと感じる。	電灯などのつり下げ物は激しく揺れ、棚にある食器類、書棚の本が落ちることがある。座りの悪い置物の大半が倒れる。固定していない家具が移動することがあり、不安定なものは倒れることがある。	まれに窓ガラスが割れて落ちることがある。電柱が揺れるのがわかる。道路に被害が生じることがある。
5強	大半の人が、物につかまらないと歩くことが難しいなど、行動に支障を感じる。	棚にある食器類や書棚の本で、落ちるものが多くなる。テレビが台から落ちることがある。固定してない家具が倒れることがある。	窓ガラスが割れて落ちることがある。補強されていないブロック塀が崩れることがある。据付けが不十分な自動販売機が倒れることがある。自動車の運転が困難となり、停止する車もある。
6弱	立っていることが困難になる。	固定していない家具の大半が移動し、倒れるものもある。ドアが開かなくなることがある。	壁のタイルや窓ガラスが破損、落下することがある。
6強	立っていることができず、這わないと動くことができない。	固定していない家具のほとんどが移動し、倒れるものが多くなる。	壁のタイルや窓ガラスが破損、落下する建物が多くなる。補強されていないブロック塀のほとんどが崩れる。
7	揺れにほんろうされ、動くこともできず、飛ばされることもある。	固定していない家具のほとんどが移動し倒れたりし、飛ぶこともある。	壁のタイルや窓ガラスが破損、落下する建物がさらに多くなる。補強されていないブロック塀も破損するものがある。

表 1-2 木造建物(住宅)の状況 [14]

| 震度階級 | 木造建物(住宅) | |
	耐震性が高い	耐震性が低い
5弱	—	壁などに軽微なひび割れ・亀裂がみられることがある。
5強	—	壁などにひび割れ・亀裂がみられることがある。
6弱	壁などに軽微なひび割れ・亀裂がみられることがある。	壁などにひび割れ・亀裂が多くなる。壁などに大きなひび割れ・亀裂が入ることがある。瓦が落下したり、建物が傾いたりすることがある。倒れるものもある。

6強	壁などにひび割れ・亀裂がみられることがある。	壁などに大きなひび割れ・亀裂が入るものが多くなる。 傾くものや、倒れるものが多くなる。
7	壁などのひび割れ・亀裂が多くなる。まれに傾くことがある。	傾くものや、倒れるものがさらに多くなる。

(注1) 木造建物(住宅)の耐震性により2つに区分けした。耐震性は、建築年代の新しいものほど高い傾向があり、概ね昭和56(1981)年以前は耐震性が低く、昭和57(1982)年以降には耐震性が高い傾向がある。しかし、構法の違いや壁の配置などにより耐震性に幅があるため、必ずしも建築年代が古いというだけで耐震性の高低が決まるものではない。既存建築物の耐震性は、耐震診断により把握することができる。

(注2) この表における構造の壁のひび割れ、亀裂、損壊は、土壁(割り竹下地)、モルタル仕上壁(ラス、金網下地を含む)を想定している。下地の弱い壁は、建物の変形が少ない状況でも、モルタル等が剥離し、落下しやすくなる。

(注3) 木造建物の被害は、地震の際の地震動の周期や継続時間によって異なる。平成20(2008)年、岩手・宮城内陸地震のように、震度に比べ建物被害が少ない事例もある。

表1-3 鉄筋コンクリート造建物の状況 [14]

震度階級	鉄筋コンクリート造建物	
	耐震性が高い	耐震性が低い
5強	—	壁、梁(はり)、柱などの部材に、ひび割れ・亀裂が入ることがある。
6弱	壁、梁(はり)、柱などの部材に、ひび割れ・亀裂が入ることがある。	壁、梁(はり)、柱などの部材に、ひび割れ・亀裂が多くなる。
6強	壁、梁(はり)、柱などの部材に、ひび割れ・亀裂が多くなる。	壁、梁(はり)、柱などの部材に、斜めやX状のひび割れ・亀裂がみられることがある。 1階あるいは中間階の柱が崩れ、倒れるものがある。
7	壁、梁(はり)、柱などの部材に、ひび割れ・亀裂がさらに多くなる。 1階あるいは中間階が変形し、まれに傾くものがある。	壁、梁(はり)、柱などの部材に、斜めやX状のひび割れ・亀裂が多くなる。 1階あるいは中間階の柱が崩れ、倒れるものが多くなる。

(注1) 鉄筋コンクリート造建物では、建築年代の新しいものほど耐震性が高い傾向があり、概ね昭和56(1981)年以前は耐震性が低く、昭和57(1982)年以降には耐震性が高い傾向がある。しかし、構造形式や平面的、立面的な耐震壁の配置により耐震性に幅があるため、必ずしも建築年代が古いというだけで耐震性の高低が決まるものではない。既存建築物の耐震性は、耐震診断により把握することができる。

(注2) 鉄筋コンクリート造建物は、建物の主体構造に影響を受けていない場合でも、軽微なひび割れがみられることがある。

表 1-4 地盤・斜面等の状況 [14]

震度階級	耐震性が高い	耐震性が低い
5弱	亀裂[※1]や液状化[※2]が生じることがある。	落石やがけ崩れが発生することがある。
5強		
6弱	地割れが生じることがある。	がけ崩れや地すべりが発生することがある。
6強	大きな地割れが生じることがある。	がけ崩れが多発し、大規模な地すべりや山体の崩壊が発生することがある[※3]。
7		

※1 亀裂は、地割れと同じ現象であるが、ここでは規模の小さい地割れを亀裂として表記している。
※2 地下水位が高い、ゆるい砂地盤では、液状化が発生することがある。液状化が進行すると、地面からの泥水の噴出や地盤沈下が起こり、堤防や岸壁が壊れる、下水管やマンホールが浮き上がる、建物の土台が傾いたり壊れたりするなどの被害が発生することがある。
※3 大規模な地すべりや山体の崩壊等が発生した場合、地形等によっては天然ダムが形成されることがある。また、大量の崩壊土砂が土石流化することもある。

表 1-5 ライフライン・インフラ等への影響 [14]

ガスの供給の停止	安全装置のあるガスメーター(マイコンメーター)では震度5弱程度以上の揺れで遮断装置が作動し、ガスの供給を停止する。さらに揺れが強い場合には、安全のため地域ブロック単位でガス供給が止まることがある[※]。
断水、停電の発生	震度5弱程度以上の揺れがあった地域では、断水、停電が発生することがある[※]。
鉄道の停止、高速道路の規制等	震度4程度以上の揺れがあった場合には、鉄道、高速道路などで、安全確認のため、運転見合わせ、速度規制、通行規制が、各事業者の判断によって行われる(安全確認のための基準は、事業者や地域によって異なる)。
電話等通信の障害	地震災害の発生時、揺れの強い地域やその周辺の地域において、電話・インターネット等による安否確認、見舞い、問合せが増加し、電話等がつながりにくい状況(ふくそう)が起こることがある。そのための対策として、震度6弱程度以上の揺れがあった地震などの災害の発生時に、通信事業者により災害用伝言ダイヤルや災害用伝言板などの提供が行われる。
エレベーターの停止	地震管制装置付きのエレベーターは、震度5弱程度以上の揺れがあった場合、安全のため自動停止する。運転再開には、安全確認などのため、時間がかかることがある。

※ 震度6強程度以上の揺れとなる地震があった場合には、広い地域で、ガス、水道、電気の供給が停止することがある。

参考文献

1) biglobe ホームページ
2) 産経デジタルホームページ
3) 気象庁ホームページ：地震と火山、「日本付近の地震活動」をもとに作成
4) 日本地質学会構造地質部会：日本の地質構造100選、朝倉書店、2013年
5) 南アルプス(中央構造線エリア)ジオパーク：日本の地質百選、大鹿村中央構造線博物館
6) 時事ドットコム：「図解社会」東日本大震災・震源域と余震分布、2011年
7) Amr S. Elnashai, Luigi Di Sarno："Fundamentals of earthquake engineering", John Wiley & Sons, Ltd, 2010.
8) 気象庁ホームページ
9) 防災科学技術研究所ホームページ
10) 国土地理院ホームページ
11) 国土地理院ホームページ：「電子基準点(GPS)データに基づく地殻変動の状況と固着域の推定」をもとに作成
12) フリー百科事典「ウィキペディア(Wikipedia)」による「地震波」をもとに作成
13) 防災科学技術研究所ホームページ：「地震の基礎知識とその観測」をもとに作成
14) 気象庁ホームページ：「気象庁震度階級の解説」をもとに作成

第2章
近年の大災害と教訓

　南海トラフ巨大地震の防災対策をいかにすべきであるかを論じる前に、近年に発生した巨大地震による大災害の概要を知ることが大切である。近年に発生した大震災として、関東大震災(1923年9月1日 M7.9)、阪神・淡路大震災(1995年1月17日M7.3)、東日本大震災(2011年3月11日M9.0)に注目することにする。これらの大災害の被害主要因を表2-1に示す。

表2-1　近年の大災害と被害主要因

大災害名	発生日時	マグニチュード	被害主要因
関東大震災	1923年9月1日	M7.9	地震＋火災
阪神・淡路大震災	1995年1月17日	M7.3	地震＋限定的火災
東日本大震災	2011年3月11日	M9.0	地震＋津波＋原発

　これらの大災害では多数の人が死亡し、九死に一生を得た罹災者が復興までに筆舌に尽くしがたい苦労を経験した。地震の発生により人生のどん底に落ち、人、物、財産のすべてを失い、大きな失望にある罹災者に追い打ちをかける事態が大災害のたびに繰り返されている。今後発生する南海トラフ巨大地震では、さらに多くの犠牲者が発生することから、過去に発生した大災害の教訓に対して、問題の提起と対策を十分に検討することは防災対策としては極めて重要である。

2.1 関東大震災の教訓

　関東大震災は、1923(大正12)年9月1日午前11時58分に神奈川県相模湾を震源としたM7.9の大地震である。被災人口は190万人、死亡(行方不明を含む)10万5千人余りであり、東京と神奈川県内に大災害を発生させた。建物被害は甚大であるが、それ以上に、死者の9割は焼死である。地震発生時刻が昼食の時間であり、台所の裸火等が火元となって火災が発生した。折しも台風の余波による10〜20mの強風に煽られて、図2-1に示すように、数時間後には大規模な延焼を生じた。火災の延焼速度は時速最大800m以上の火災旋風となり、広場、公園に避難していた人々を一瞬にして焼死させた。被災地域は阪神大震災の20倍の地域である。

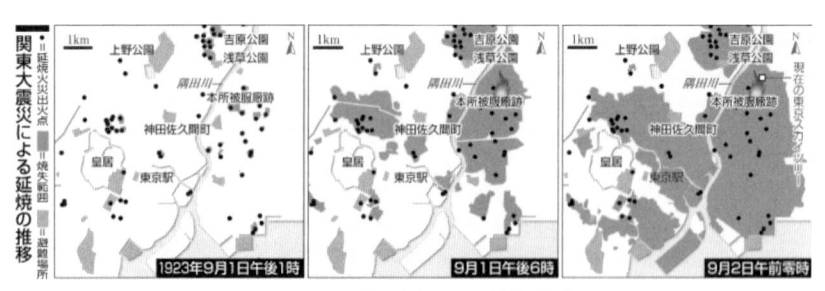

図2-1　関東大震災の延焼推移 [1]

(1)　安全な避難場所と収容者の制限

　この大震災で最も悲惨な状態は、本所区(現墨田区)横綱町の陸軍省被服廠跡での火災大旋風による死者である。地震発生後、多くの被災者が家財道具等を持ち込んで2万430坪余りの広大な跡地に避難してきた。多くの避難者が過密状態に集まり、人々は地震から逃れてきた安堵感にしばし浸っていた。地震が正午に発生したことから各地で発生した火災が跡地に迫り、避難者が持ち込んだ家財や荷物に燃え移り、過密状態の人々が迫りくる炎を避けようと大群衆が跡地内を移動することによる多数の圧死者に加えて、烈風から大旋風も巻き起こって3万8千人の死者を発生させた。この死者の数は、跡地の1坪当たりに約1.9名の死者が出たことになる。

このような悲惨な状況は火災旋風の脅威によるものであるが、広大な空き地であっても、そこに収容する避難者の数がその収容能力を超える極めて大多数であったことが、被害の拡大につながった。さらに、避難者は可燃性の荷物等を持参した避難であり、周辺に迫ってきた火災の炎が避難者の荷物や衣服に飛び火して大群衆がパニック状態となり、四方から迫りくる火災に右往左往しながら人を踏み越えて避難を繰り返した。火災旋風は人、家財、荷物を巻き上げ死人の山を築く猛威を振るった。

一方、被服廠跡で発生した惨事以上に死者が山積みされたのは浅草区（現台東区東部）吉原公園であり、火を避けるために園内の弁天池に飛び込んだ人々により、池は人で埋まるほどの490名の死者が発生した。死者の多くは吉原の娼婦であった。火災旋風による被害は東京市および横浜市でも発生した。これらの惨事は、現在の防災対策に大きな教訓を示唆している。

大災害では必ず火災が発生し、風があれば火災は大旋風となり広大な広場でも安全ではない。火災対策は、地震直後の防災対策として最も重要である。現在は、大都市周辺には石油コンビナートがあり、高度化した豊かな社会は多くの可燃性物を多用する傾向なので火災が発生する危険性は増大している。関東大震災は地震発生が正午近くであり、各家々では昼食の支度を始めて竈や七輪に火を起こしていた。これらの火が火災の発火原因となったが、実は学校、病院等の薬品による火災が最大原因と言われている。火災が近づくと飛火して衣類も燃える。関東大震災当時の服は化繊でなく木綿等が中心であり、今日の人々が着用している衣類よりも燃えにくい。化繊は燃え出すと木綿と比べて急激に収縮し、皮膚に付着することから容易に消すことができず、焼死の危険性も高まるので、大災害時の火災に対する衣類の防火対策も必要となる。

一方、都市では、災害時における地域住民の避難や救援・支援基地として防災広場が設けられている。広大な防災広場がある場合、自治体の担当者は何か施設や段差を設ける傾向にあるが、本来の防災広場の役割を十分に認識し、市民が安全に避難できる場所として整備する必要がある。また、できるだけ可燃性の樹木を周囲に植えずに、銀杏等の火に強い樹木を植栽する方がよい。過密した都市で防災広場として広大な空き地を新たに確保

することは不可能に近いが、紡績・繊維関係企業の跡地、政府機関の跡地、学校の統合移転跡地等が確保される場合が多い。

　しかし、それらを防災広場として購入しながら、目的外の施設を設けている場合も多い。防災広場を災害目的に使用する頻度は多くはないが、災害が発生した際には極めて重要な役割を担うことから、目的と実態とを合致させ、避難者の収容可能数を事前に把握することが必要となる。また、最悪シナリオを想定し、災害レベルの大きさにより、避難者がどの期間滞在し、そのために必要な施設は何かを事前に計画・実施するとともに、市民にそれらの情報を発信することが大切である。

(2)　確実な情報が不足する状況

　関東大震災では、地震による大きな揺れと家屋の崩壊、圧死、火災旋風により死者の山を築いたが、本震以後に繰り返し作用した強い余震によって、多くの人々は錯乱状態にあった。このような状況の中で、確実な情報は何一つ入らず、新聞・ラジオを含めた公的機関による情報を入手することができない状態であり、人々は流言に惑わされ、人の動きに追従して路上を彷徨するのみであった。大災害が発生すると、被災地を狙う盗人が横行し、治安が悪くなるとさらに犯罪行為は過激で大胆になっていく。これに対して住民組織による自警団が組織された。正確な情報が入手できない状況で、朝鮮人が暴動を起こしているという流言により朝鮮人虐殺事件が発生し、多くの朝鮮人が殺害されたことは誠に痛ましいことである。この事件の詳細は吉村昭著「関東大震災」[2]に記されており、当時の罹災者の置かれていた状況がよく理解できる。

　大災害時における情報不足は関東大震災以後に発生した阪神・淡路大震災でも同様であり、避難所や緊急医療・救援・支援に対する情報等が皆無に近い状態があった。また、被災地での治安の悪化による盗み、暴力、レイプ等も同様に発生している。今日の情報通信・伝達手段の急速な普及はその伝達手段として通信回線を用いているが、通信手段や電気が失われると、関東大震災以上の情報不足に落ち込む恐れがあるので、情報伝達手段のより一層の安全性および信頼性が求められる。

(3) 地震予知

　関東大震災の予知[3]は、東京帝国大学今村明恒助教授が、過去の地震の発生記録から関東地方で100年の周期で大地震が発生していることに着目し、1905(明治38)年に、今後50年以内に大地震が発生して、地震に伴う火災により10～20万の死者が出ることを、雑誌「太陽」に「市街地における地震の損害を軽減する簡法」と題して論文発表した。しかし、この論文発表に対して、浮説として当時上司であった大森房吉教授により批判されたが、1923年に関東大震災が発生した。今村明恒教授は前任者大森房吉教授の死後、地震学講座の教授になり、地震学の発展に貢献した。

　関東大震災が発生する前に多くの群発地震が繰り返し発生した。今村説によると、これを大震災の前兆現象と予想することは、地震に怯えた東京市民に大きな社会的パニックを与えるので、大地震に直結するとは公表できない状況であった。大地震の前に発生する群発地震から大地震の発生が可能性として数パーセント存在しても、それを予知として公表すれば、社会的に大きなパニックが発生する。また、地震が発生しなかった場合は社会に与えるダメージがさらに大きくなる。

　地震予知の困難性は、巨大地震発生の前に自然が発したシグナルを、どのように一連の情報として関連付けて分析するかにある。最悪ケースの場合についても、データの分析と発表が社会に与えるインパクトを考えるとき研究者として大いに悩むが、可能性を否定できないならば、前提条件を明示して発表すべきであると考えている。

2.2　阪神・淡路大震災の教訓

　阪神・淡路大震災は、1995(平成7)年1月17日午前5時46分に、淡路島北部を震源としたM7.3の兵庫県南部地震により発生した。死者は6,434名で、兵庫県を中心に阪神地区に甚大な被害が生じた。地震は直下型地震であり、神戸海洋気象台で観測された地震は、最大加速度818gal(cm/s^2)、最大速度105kine(cm/s)、最大地震変位27cmの極めて大きな地震である。この地震で発生した顕著な被害を項目ごとに略記する。

(1) 震災の帯

　この地震により、震源から離れた軟弱地盤の帯状の地域で、他の場所よりも極めて地震被害が多い地域が発生しており、これを「震災の帯」と呼ぶ。震災の帯の地域では震度7を記録し、これは神戸市須磨区から西宮市の幅約1km、長さ約20kmの地域である。この地帯は軟弱な堆積層であり、六甲山より来た地震波と堆積層自体の揺れが加わり地震動が増幅したと考えられている（図2-2）。

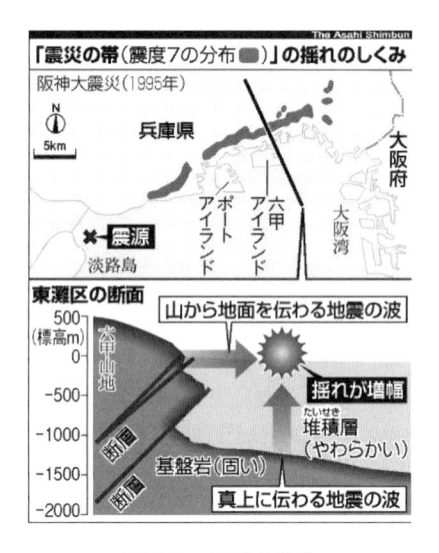

図2-2　震災の帯 [4]

(2) 中高層建物の中間階が層崩壊

　鉄筋コンクリート構造の中高層建物が中間階で層崩壊する被害が多発した（図2-3）。地震継続時間中に建物が塑性化すると、中高層建物においても1次モードとは異なる外力分布となり、神戸海洋気象台NS波による応答解析では、中間層で層せん断力が大きく卓越する外力分布となっている。柱の断面は下層ほど大きいが、中間階では柱の断面形状が少なくなるので、その層が保有している層せん断力も小さくなる。このため、作用する外力が中間階で大きくなる地震動波に対しては層崩壊を発生する [6]。

図 2-3　中高層鉄筋コンクリート造建築物の中間階層崩壊[5]

(3) 新幹線の被害

新幹線の鉄筋コンクリート造ラーメンの高架橋が落橋した。また、新幹線の盛土が大きな被害を発生したことから、以後の新幹線では盛土に代えて高架形式が採用されることになった。

(4) 地下鉄構造物の被害

地下部分に作用する地震動は地上構造物に対するより小さいので、従来地下鉄は地震に強いと考えられていたが、地下鉄構造物の崩壊が世界で初めて発生した。

(5) 地盤の液状化

地盤の液状化も多発し、ポートアイランド等の埋立地では、液状化により大きな被害を発生した。

(6) 木造住宅の倒壊と火災

木造住宅の崩壊による圧死も多く発生した。火災により被災地の被害を拡大させたが、強風も吹かず、延焼が限定した地域であったことが幸いした。図 2-4 では、火災の煙がほぼそのまま立ち上っていることからもわかる。もし強風が吹いていたら、関東大震災規模の被害が発生したと考えら

れる。火災は地震発生後も数日延焼し、消火のため各自治体の消防自動車が救援に駆け付けたが、消防自動車のホースの金具が異なる仕様等の不具合が発生したことに加えて、断水のため効率的な消火活動ができず、火勢に任せる「放任火災」に切り替えられた。この教訓を受けて、全国の消防自動車の消火ホースのユニバーサル化(規格の統一)が実施された。

図 2-4　震災発生後の火災[5]

(7)　既存不適格建築物

　震災で被害を発生した建築構造物の多くは、1981(昭和 56)年以前に施行された建築基準法によって設計されていた。これに対して、昭和 56 年から施行された新耐震設計法により設計された建築物の被害は少なかった。建築構造物の耐震性は、建物を建てる際に行う確認申請時に施行されている建築基準法に依存し、竣工後建築基準法が改正され、耐震性能が強化されても、既得権が認められているので適合させる義務はない。このように、竣工時(正確には建築確認審査申請時であり、竣工時に法律改正が施行されても適用されない)の建築基準法を満足しているが、現在の建築基準法に適合しない既存の建築物を「既存不適格建築物」と呼ぶ。

　既存不適格建築物は建築基準法の改正ごとに発生する。特に、耐震性が格段に強化された 1981 年施行の新耐震設計法と、それ以前の建築基準法で設計された建築物とは、耐震性に顕著な差がある。既存不適格建築物を放置することは、再び大災害を発生することになるので、早急な対策が必要

となった。特に、災害時に避難所として活用される学校等の建築物の耐震性を改善する必要が発生した。旧建築基準法で設計された既存建築物に、現在の建築基準法を適用することはできない。その理由は、新しい建築基準法の前提条件となっている構造規定(鉄筋の太さ、配筋間隔、鉄筋の継ぎ方、コンクリートの強度等の最低限満足しなければならない条件を定めた事項)を満足できないことにある。

そのためには、建設年代ごとに改正されてきた旧建築基準法による構造規定に拘束されずに、実際に建築物に使用している鉄筋の太さ、間隔等の構造特性をそのまま考慮して耐震性能を求めて、新耐震設計法と同じレベルの耐震性能があるかを評価することが必要となってきた。これを実施するのが既存建築物の耐震診断基準であり、日本建築防災協会の耐震基準の使用が耐震促進法で認められた。

阪神・淡路大震災以後、日本の各地で既存建築物の耐震診断と耐震改修を円滑、かつ適正に実施するために、耐震診断等評定委員会が設置された。耐震診断および耐震改修は、当初は避難施設として使用される学校施設等および災害時に重要な役割をする行政施設が中心であったが、近年では、公共施設、幼稚園、病院等へと拡張されてきている。また、災害発生時に使用される緊急救援道路に面する建築物が倒壊して道路を塞ぐと、災害を甚大化し、救援・支援活動の支障となることから、当該建築物の耐震診断の義務化が東京都を契機に全国的に普及し、2013(平成25)年11月に「建築物の耐震改修の促進に関する法律」の改正により義務化された。

(8) 道路高架橋の倒壊

一方、道路高架橋の崩壊・転倒も多発した。図 2-5 に道路高架橋の崩壊を示す。国道の中央分離帯に支柱を建て、その上部に高速道路を設置している。急速な交通量の増加に対して、既存の道路上に高架橋で高速道路等を設置する手法は一般によく利用されている。しかし、この構造は柱 1 本からなる片持梁であり、柱に被害が発生すると余力がなく、すぐに倒壊する。巨大な柱が地震により損傷すると、各個撃破型で被害が連鎖していく。特に、この構造物のように、部材の数が少ない静定構造物は一部の損傷に

より崩壊する。

図 2-5 の片持梁形式の構造は、振動理論の著書で bad structure の例として大震災が発生する前に紹介されていたことを震災後に思い出した。

図 2-5　道路高架橋の倒壊[5]

　構造物の崩壊を防ぐには、各構造物材が互いに剛に結合して、1 つの部材の破壊が構造物全体の崩壊に結びつかない方法が最も望ましい。土木構造物では、構造物が大きいことから、力の流れが明白で単純な構造形式である静定構造物を採用し、それを忠実に施工する立場をとる。一方、建築構造物は、細い部材が多くあることから、それらを剛に接合して不静定次数の多い構造物を造る方法が採用されている。

　構造物の各部材を剛に接合する構造形式はラーメン構造と呼ばれ、外力が架構に作用すると、構造物全体の部材で外力を支持することになる。土木構造物では静定構造物を目指すのに対して、建築構造物は不静定構造物を目指している。構造物の崩壊に対する余裕は、不静定構造物が静定構造物からどれだけ離れているかを示す不静定次数に依存し、構造物の部材が順次降伏していくと、不静定次数が少なくなり、最終的に静定構造物になる。この限界の静定構造物のどこかの部材が損傷すると、構造物は不安定となり崩壊する。つまり、静定構造は構造物が崩壊する限界での安定な状態である。

(9) 災害時の初動体制の遅れ

阪神・淡路大震災では、地震発生を受けて実施されるべき対策の初動体制の遅れが災害を大きくしたと言える。地震発生からの災害対策の主要な活動を、兵庫県(財)21世紀ひょうご創造協会発刊の「阪神・淡路大震災復興誌」[7]に記述されている震災発生以後の時系列の出来事から、国および兵庫県が実施した対策を抜き出すと、以下のようになる。なお、対策の前に記した○○分後は地震発生から経過した時間を示す。

1月17日(火)	5時46分	地震発生
9分後	5時55分	大阪管区気象台「地震情報第1報」で震源は淡路島北部マグニチュード7.2と発表
27分後	6時13分	大阪管区気象台「神戸震度6」の烈震と発表
29分後	6時15分	兵庫県警「兵庫県警察対策本部」を設置
34分後	6時20分	近畿管区警察局「災害警備本部」を設置
44分後	6時30分	陸上自衛隊中部方面総監部「非常呼集」を発令
59分後	6時45分	兵庫県防災係長登庁
		大阪ガス「対策本部」を設置
1時間4分後	6時50分	兵庫県芦尾副知事登庁
1時間14分後	7時00分	「兵庫県災害対策本部」を設置
		「神戸市災害対策本部」を設置
2時間24分後	8時10分	自衛隊 兵庫県へ被害状況照会
2時間34分後	8時20分	兵庫県知事登庁
2時間44分後	8時30分	兵庫県「第1回災害対策本部会議」を開催
4時間14分後	10時00分	兵庫県「消防庁に他府県消防の応援」を要請
		兵庫県「陸上自衛隊第3特科連隊(姫路市)に災害派遣」を要請
5時間14分後	11時00分	兵庫県警本部長「兵庫県知事に状況報告」
		政府「第1回非常災害対策本部会議」を開催
9時間54分後	15時40分	小沢国土庁長官(政府調査団)自衛隊機で災害地域を上空から視察
9時間59分後	15時45分	兵庫県知事 地震について記者会見
10時間14分後	16時00分	村山首相 地震について記者会見
1月18日(水)		政府「地震対策関係閣僚会議」
		兵庫県 救援物資基地「県消防学校基地」を開設
1月19日(木)		村山首相 被災地視察
		「地震対策関係閣僚会議」を「緊急対策本部」に格上げ
		兵庫県 市町災害対策本部への救援物資搬送を開始
		兵庫県「第1次応急仮設住宅」を発注(2,961戸)

1月20日(金)	兵庫県「避難所緊急パトロール隊」を編成(県警と県職員の合同)
	政府　兵庫県南部地震対策担当大臣に小里大臣を任命
	小里大臣　現地初視察
1月21日(土)	兵庫県　救援物資基地「グリーンピア三木」を開設(2番目)
	兵庫県「避難所救援センター」を設置
1月22日(日)	政府「政府現地対策本部」を設置
	兵庫県「避難所緊急パトロール」を強化(100班500名体制で毎日実施)

　以上のように、大災害発生からの救援活動の開始、それを軌道に乗せる初動体制の遅れがわかる。問題点を整理すると、以下のようになる。

　第1点は、**事前の防災計画および防災対策の欠如**である。自治体は、地震発生直後に発表される気象庁のマグニチュードや震度により、サイトで発生したと考えられる災害状況を大局的に理解することができる。大阪管区気象台から地震発生後9分にはマグニチュード7.2、27分後には震度6の烈震が発表されているので、自治体は大災害が発生していることは把握できていたはずである。事前に防災計画および防災対策のシミュレーションを実施していれば迅速な行動が取れる。しかし、兵庫県が救援・支援の活動を開始したのは地震発生後4時間14分経過した10時であり、このとき自衛隊に災害派遣を要請している。この間、警察・消防は自らが被災しながら救援活動を実施していたが、発生した大災害に対する組織的活動ではない。災害時の人命救援は、時間が早ければ早いほど、生存率は格段に良くなる。したがって、大災害発生時の初動体制の迅速な構築は災害による犠牲者を少なくする上で極めて重要である。

　第2点は、**大災害発生時の救援体制の習熟不足**である。人命救助に大きな力を持つ自衛隊に対する災害救援要請が遅れた理由がここにある。当時の自衛隊法施行令第106条によると、災害時の派遣要請は都道府県知事が要請し、その要請に際しては、災害の状況、派遣を要請する理由、期間、区域、活動内容を記述して提出する必要があった。大災害時においては詳細な情報が把握できず、書類作成に多くの時間を要したと言われている。

大災害が発生する前の防災訓練でこの書類を作成していれば、何の問題もなく作成でき、防災担当者ならば地震の震度を聞けば容易に大局的観点から作成できると考えられる。目的は完璧な書類の作成でなく、一刻も早く自衛隊の救援活動を要請し、建物の下敷きになった人を助けることである。また、地震発生後 2 時間 44 分を経過して、兵庫県知事の登庁を待って開催された「第 1 回災害対策本部会議」の終了後に依頼するのでなく、会議の事前または途中でも派遣依頼はできたが、会議終了までの 1 時間 30 分の遅れを出した。

　この大震災の教訓として、自衛隊法の災害派遣第 83 条が改定され、大災害時における自衛隊による災害救援は知事の要請なしに実施できることとなり、以後の災害救助に役立った。しかし、建物の下敷きになり激痛の中、懸命に救助を待っていた多くの人々の命の犠牲を考えると、この改善に要した代償はあまりにも大きすぎると言える。

2.3　東日本大震災の教訓

　東日本大震災は、2011(平成 23)年 3 月 11 日午後 2 時 46 分に、三陸沖を震源とした M_w9.0、最大震度 7 の超巨大地震であり、地震と津波により極めて大きな被害が生起した。特に津波は最大遡上 40.1m、浸水面積 561km^2 以上の広大な地域に壊滅的な破壊を発生させた。死者はほとんど津波によるものであり、歴史的に津波の経験がある地域に大きな被害が生じたことは衝撃的である。巨大な津波が街に襲来するリアルな映像が全国民の眼に焼き付いている。巨大津波による被害は、すべての物をなぎ倒し、道路、空地を侵入路として、あらゆる物を運び込み、また、建物の重さを浮力で軽くし、大きな横力でなぎ倒していく。

　東日本大震災で得た新たな教訓は以下の項目である。
- 巨大地震と巨大津波が時系列で連動して構造物に作用
- 巨大津波の破壊力の凄さと津波高さの予測の困難
- 避難指示の不徹底
- 避難防災訓練におけるフレキシビリティー

- 地盤の液状化
- 長周期地震動による超高層ビルの大きな横揺れ
- 天井等の非構造部材の落下(エスカレーターの落下)
- 大型液体貯蔵タンクの破損と火災
- 原子力発電所の地震と津波被害による爆発、レベル7
- 災害復旧と災害復興、改良復旧事業制度

(1) 地盤の液状化

　地震による地盤の振動で地盤中の水分が移動することにより、水と土の粒子が分離して液状化が発生する。地盤は土の粒子と水とが結合した状態にある。土の粒子は砂と粘土とに分類され、細砂ほど粒子間の摩擦が少ないことから、地震による振動により、土の中に含まれている水が移動しやすくなる。一般に、液状化は N 値 10 以下の細砂の地層で発生しやすくなると言われている。液状化が地表近くに発生すると、図 2-6 に示すように、地表に噴砂孔が発生し、地表に泥水が湧き出て地表の形状を著しく変える。

図 2-6　液状化による巨大噴砂孔[8]

　この際、マンホール等の地中埋設物は、液状化により周辺との摩擦を失うことに加えて浮力により大きく浮き上がる。地盤の液状化が発生すると、上部の構造は支持力を失うことに加えて、地表面の平らな形状が不陸とな

り、建物等は傾斜する。地盤の液状化が顕著に見られたのは 1964 年に発生した新潟地震であり、県営川岸町アパートが大きく傾いたことはよく知られている。東日本大震災では、浦安地域で液状化が広範囲に発生し、下水道等のライフラインが大規模に被害を受け、多くの住宅が傾斜して大きな社会問題となった。下水道が液状化の被害を受けると、マンホール等が隆起し、道路が通行不能になると同時に、公衆衛生および排水機能が停止するので、震災後の復旧に長時間を要することから、耐震化を事前に進めることが必要である。

大都市は海を埋め立てて拡大したことから、海側の地盤は軟弱であり、液状化が発生しやすい。液状化により地盤の摩擦係数が低下すると、地盤が横方向へ移動しやすくなる。傾斜地や湾岸等の岸壁堤が崩壊して水平方向の移動を拘束できなくなると、地盤が側方に移動する側方流動を発生する。この側方流動が発生すると被害も大規模となる。

図 2-7 に、東日本大震災で発生した地盤の液状化と側方流動を示す。東京湾の沿岸近くの地域では液状化を発生し、同時に、海に近接する地域では側方流動を発生している。側方流動により港湾施設および石油コンビナート等に大きな被害が発生し、長期間にわたり使用できなくなった。

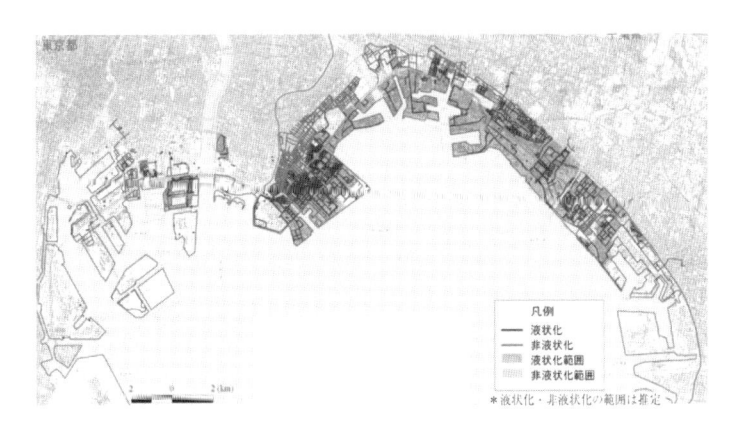

図 2-7　東日本大震災での東京湾沿岸の液状化の状況 [9)]

巨大災害では、海から被災地を救援・支援することは重要であるが、港湾施設が長期間にわたり使用できなくなると、救援・支援活動に支障を生じる。加えて、流通施設を含めた港湾施設の被害は、これまで構築してきた港の役割と流通経路の流れを一変する。一度失った流通の流れを取り戻すことは大変難しい。阪神・淡路大震災では、神戸港が大きな被害を受けた。そのため、神戸港が震災前に流通経路で占めていた役割は一瞬にして失われ、港が再開してもその地位を回復することは不可能となっている。また、1つの港の被害は日本を取り巻く世界の流通経路に大きく影響し、日本を迂回した流通経路が仮設的に一度でもできると、それが本来の流通経路となる。

現在、横浜港、東京湾は流通経路で大きな取扱高を持っているが、南海トラフ地震、または都市直下型地震が発生すると、両港は甚大な被害が発生し長期間使用不能となるので、一変して流通経路での地位を失うことになる。そのためには、港湾施設の耐震性を高めて、巨大災害が発生しても救援・支援に活用できる防災基地を確保することが必要である。

地盤の液状化は、堆積された地盤で構成される全国各地のほとんどの都市で幾度となく発生している。これらの都市は今日の都市機能の中枢を担う地域でもあり、液状化を防止する対策が必要である。

液状化の判定には、地域の地形図や地質図、さらに、液状化の履歴により判定する概略法のほかに、より詳細には簡便法、詳細法、実験法がある。実用的にはボーリング調査を行い、柱状図を用いた N 値と土の粒度の関係から液状化を判断する簡便法が多く用いられる。簡便法の中でも、F_L 法は簡易式により液状化抵抗比とせん断応力比との比の関係を表す F_L 値を地盤の柱状図の各点について求め、$F_L=1$ を境にして、$F_L<1$ の場合には液状化を発生する可能性が高いと判断する。

$$F_L = \frac{\text{液状化抵抗比 } R}{\text{せん断応力比 } L}$$

ここで、液状化抵抗比 R は N 値と粒度から決定される。一方、せん断応力比 L は、地盤の有効土被り圧 σ_z' と加速度の関係式等を用いて求まる。

F_L 値は、当該地盤内の深さごとに定めた点（位置）での液状化の発生の可

能性を判断する指標値である。したがって、1 より小さな F_L の値が深さ方向に連続する場合は、その連続する層で液状化が発生することがわかる。液状化が表層近くに発生する場合は深刻であるが、深い層で発生する場合は影響が少ないと考えられる。そこで P_L 法では、深さ 20m までについて、表層を 10、深さ 20m を 0 とする深さ方向の重み関数 $W(z) = 10 - 0.5z$ を導入する。ここに $z = $ 地表面までの深さ (m) である。この重み関数 W と F_L と組み合わせて、0〜20m まで積分した値を液状化指標 P_L 値とする。

$$P_L = \int_0^{20} F \times W(z) \, dz$$

ここに、$F = 1 - F_L$ ($F_L < 1$ の場合)、$F = 0$ ($F_L \geq 1$ の場合)、$W(z) = 10 - 0.5z$ (図 2-8) である。以上の結果求めた P_L 値に対して、液状化の危険度区分を表 2-2 のように判定する。

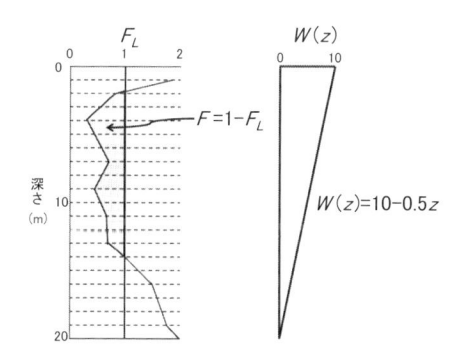

図 2-8 液状化指数 P_L 値の概要

表 2-2 P_L 値による液状化危険度区分 [10]

P_L 値	判　定
$P_L = 0$	液状化危険度はかなり低い
$0 < P_L \leq 5$	液状化危険度は低い
$5 < P_L \leq 15$	液状化危険度は高い
$15 < P_L$	液状化危険度はかなり高い

液状化対策は、①液状化の発生を防止する方法と、②地盤が液状化しても施設の被害を防止する方法に大別できる(**表2-3**)。前者の①液状化の発生を防止する対策は、密度の増大、固結、粒度の改良、および、飽和度の低減を用いて土の性質を改良する方法と、地下水位を低下させて有効応力を増大させるか、間隙、水圧の抑制・消散・遮断、せん断変形の抑制等を目的とした各種工法を実施して、液状化を発生させる応力、変形、間隔水圧を改善する方法とが考えられる。

表 2-3 液状化対策の原理と方法 [11]

液状化発生を抑止する方法	
地盤の改良―	密度増大
	固結
	粒度改良
	飽和度低減
	有効応力増大
	間隙水圧の抑制・消散
	間隙水圧の遮断
	せん断変形の抑制
施設被害の防止―	基礎の強化
	浮上り量の低減
	地盤変形の追従
	液状化後の抑制

一方、後者の施設被害の防止策としては、杭等による堅固な地盤による支持力の確保、基礎の強化、浮上り量の低減、地盤の変形に追従できる可撓継手、各種基礎工法による液状化後の変位の抑制等がある。

液状化および側方流動対策としては、以下の方法がある。
① バイブロフローテーション工法で地盤改良したオイルタンクが被害微小(新潟地震)
② サンドコンパクションパイル工法で締め固め
③ サンドドレーン、プレロード、ロッドコンパクション
④ 締め固めの効果

⑤　場所打ちコンクリート杭を深層混合処理工法で囲む
⑥　連続地中壁、柱列式土留め壁で囲まれた場所打ちコンクリート杭

2.4　芦屋浜高層住宅の被害と教訓

(1)　芦屋浜高層住宅における破断例

　阪神・淡路大震災では多くの中高層ビルが中間階で崩壊する層崩壊が発生した。しかし、建築構造設計者を最も驚愕させたのは、芦屋浜高層住宅群(図2-9)で発生した柱の破断(図2-10)および柱とブレースの軸破断(柱とブレースが水平方向に破断している、図2-11参照)である。

図 2-9　芦屋浜高層住宅群

図 2-10　1階柱の軸破断　　　　図 2-11　柱とブレースの軸破断

芦屋浜高層住宅群は1979年に建設され、14階建、19階建、24階建、29階建の4種類の高さが異なる建築物群から構成されている。建築物の構造は鉄骨造メガフレームに、プレキャストで製作した住戸部を挿入する新しいアイデアで設計された。

図2-12は、24階建の軸組図と伏図である。7階、12階、17階、22階は共用階であり、この部分にメガ梁が配置されている。桁行方向の②③通り間と⑤⑥通り間は階段が配置されている。そのため、桁行方向の1階部分ではブレースが配置できないことから、ラーメン構造となっている。

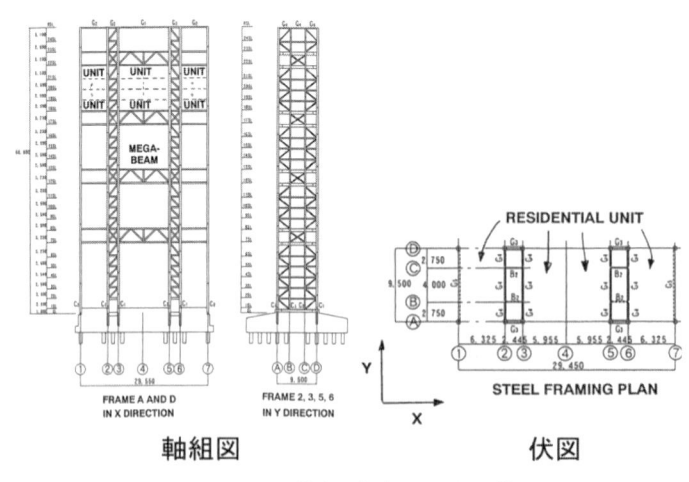

図2-12 24階建の軸組図と伏図 [12)]

1階柱の下部はボックス形状の柱で□-570×570×60（SM53B）、その上部はユニバーサル柱（溝形形状の部材を溶接してボックス柱に形成した部材）でUB-544×544×47（SM50B）からなる。いずれも鉄骨構造部材の肉厚が厚い（60mmや47mm）極厚断面部材で構成されている。

図2-10は1階柱の軸破断（水平に破断している）であり、ボックス柱とユニバーサル柱の接合部（継手）近傍で発生している。一方、図2-11はH形鋼ブレース材と柱との仕口部を貫通する軸破断である。兵庫県南部地震により、この大きなサイズでかつ極厚断面柱が軸方向破断を発生したことに、

大方の構造設計者は大きな驚きと同時に、何故このような脆性的破断が発生したのかの原因究明に大きな関心を示した。この問題は日本建築学会でも大きな関心事であり、当時学会の衝撃問題に関する小委員会幹事をしていた関係で原因究明を研究した。

図 2-13 は、地震による構造物の挙動を再現するために実施した計算モデルである。震災当初、構造物の多くは地震による衝撃により破断した、という機械分野の研究者が建築物の破断について意見を述べたことから、衝撃解析を専門とする陽解法系の汎用ソフト MSC.Dytran を使用した。

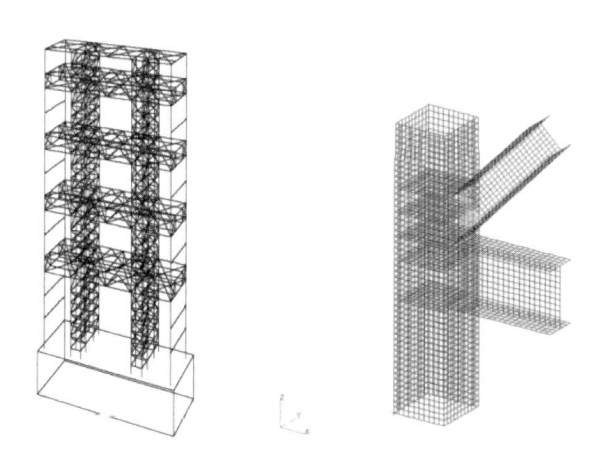

図 2-13　計算モデル　　図 2-14　詳細な要素分割を用いた部分解析

有限要素法は，時刻ごとの運動方程式を極めて微小時間の増分で解法する陽解法系と、時刻ごとの状態量(加速度、速度、変位)の変化を仮定して解く陰解法系とがある。陽解法系は厳密であるが、計算時間が陰解法系と比べて極めて多くの時間を必要とする。当時コンピュータの演算速度は今日ほど早くなかったが、当時としては高速演算ができる EWS(ワークステーション)を使用しても計算に 2～3 カ月近く要したことを記憶している。

本建築物のように構造部位が多くなると、解析に多大の時間がかかることに加えて、コンピュータの能力からくる制限から、解析方法を 2 段階に分けることとした。最初に、構造部位の自由度を制限した要素(beam 要素)

を用いて、構造物全体を解析した。

次に、図 2-14 に示すように、破断を発生した柱、梁、ブレースの要素を取り出し、その部分を詳細な要素分割（shell 要素）を用いて解析した。各構造部位の端部には、前述の構造物全体を解析した際に得られた各部材力が時刻歴で作用する。

このように解析することにより、破断がどのような原因で発生したかが解明できた。図 2-15 は、仕口部分が破断する状況を示す。最初にブレースのウェブに応力超過（図 2-16）が発生し破断を生じる。次にこの破断が、ブレースのウェブ全体からフランジに到達する。次に、柱のブレース取付面に破断を発生し、柱全体の軸破断に進行したことがわかった。

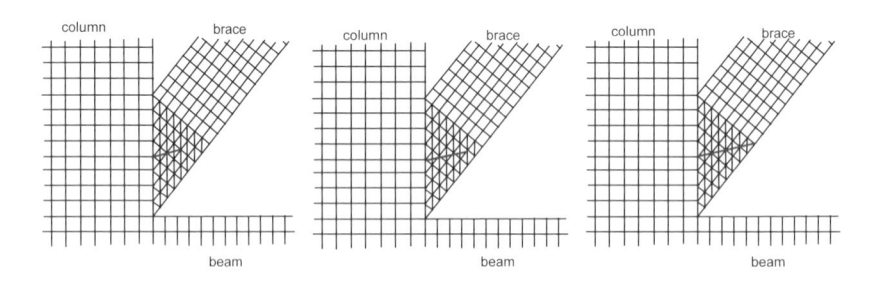

図 2-15　仕口部分の破断状況

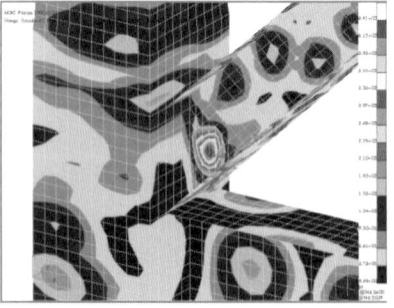

図 2-16　ブレースと柱の軸破断と応力分布

2.4 芦屋浜高層住宅の被害と教訓

地震により発生した水平動は、構造物に大きな水平方向の力を発生させる。本構造物では、ブレースがその力をほぼすべて負担する。ブレースの上下階の配置形態も重要であり、本建物の場合、ブレースからの力は柱に伝達され、次に梁に圧縮力として作用する。部材の仕口（異なる構造部位を継ぐ場合の接合部をいう）には、地震力が急激に流れるので、力が集中して破断する（応力集中と呼ぶ）のを避けるために、ガセットプレートを設けて力の流れを拡散させることは建築構造の常道である。応力集中を避ける工夫をすれば、このような破断を防ぐことができる。

今回の設計では、ブレース材の断面サイズが大きく、かつ、柱のサイズが大きく、その厚さが極厚断面であること等による安全性の配慮が欠けていたと言える。部材のサイズが大きいと安全のように考えがちであるが、これは大きな部材断面を必要とするほどの大きな力が作用していることを陰に示しているので、サイズの大きさに惑わされずに余裕を持った設計が必要となる。構造部材が多いほど、一般に構造物は安全であるが、メガフレームのように、柱の数が少なくかつ部材数が少ないほど、構造物の崩壊、破断の危険性が増加する。

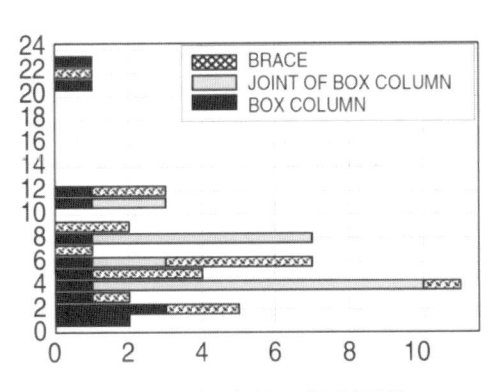

芦屋浜高層住宅群で発生した破断部位と箇所数を図 2-17 に示す。破断原因については、論文[13)14)]および著書[15)]に詳述している。

図 2-17　破断部位と破断箇所数

材料の破断には、時刻歴に変化する力が構造部位にどのような歪を発生させるかを検討する必要がある。このとき発生する歪の時刻ごとの変化、すなわち、歪速度は構造部材の破断と密接に関係する。従来、建築構造物では比較的低速度の応答が中心と考えられていたが、メガフレームのように、大きな力が急激に変動するような構造形式では、歪速度のチェックが必要となる。

　歪速度は、破断力学を扱う場合以外あまり関心がない事項であるが、この端的な例として、セロテープをムク材でない集成合板に貼り付けて、ゆっくりと剥がすと集成合板の表面は剥がれないが、急激に引っ張って剥がすと集成合板の表面に貼り付けた部分が剥がれる。これは、急激に剥がすことにより、歪速度が大きくなったことと同じ現象である。したがって、構造部材に作用する力がゆっくりと作用した場合と、急激に作用した場合とでは、構造部材に発生する力も倍近く異なる。建築構造物等に自然の力により作用する力(荷重)は、物が衝突するような現象と異なり比較的ゆっくりである。そのため、構造物の設計では、歪速度に対する検討はほとんどされていない。構造物に作用する力が時間的変化に比べ大きく変化する衝撃性を持つ場合は、今後検討の必要がある。

　芦屋浜高層住宅群の破断原因の究明には、前述したように、精緻な計算方法を用いて多くの時間を要したが、このようなメガストラクチャーでも、本質的に超高層ビルの応答と同じであることがわかった。

　超高層ビルの構造設計を簡易に実施するために、予備設計段階で使用できる簡易であるが高精度な簡易解析法を理論開発した[16)〜20)]。この簡易解析理論は、超高層ビルが持っている剛性に等価な曲げ剛性とせん断剛性を持つ1本の棒材に置換して解析する方法である。計算結果は一瞬にして得られるので、構造断面が繰り返し変更される予備設計段階では威力を発揮する。

　この棒材理論を用いて芦屋浜高層住宅のメガフレームを解析した結果は、図2-18〜図2-21に示すように精緻な計算結果と一致した。

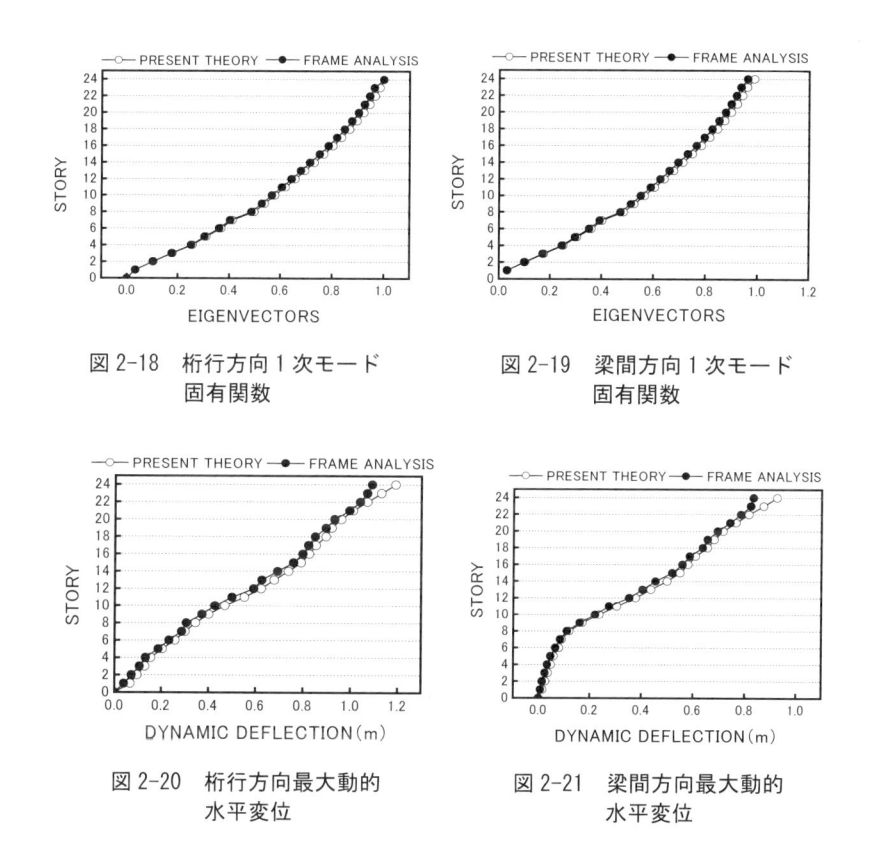

2.4 芦屋浜高層住宅の被害と教訓　61

図 2-18　桁行方向 1 次モード固有関数

図 2-19　梁間方向 1 次モード固有関数

図 2-20　桁行方向最大動的水平変位

図 2-21　梁間方向最大動的水平変位

　構造設計の信頼性は、構造物が外力を受けた際に、どのような力の流れをして、外力を地盤に伝達するかを、いかに明確に把握しているかに依存する。近年のコンピュータの高速化により、構造計算に汎用ソフトの利用が急速に進んでいる。最近の構造設計者は構造計算ソフトを用いて設計するので、大局的な力の流れを把握する直観力がなかなか養成されない。構造解析モデルを精緻に計算すればするほど、力の流れを見失う恐れが増大する。一方、構造計算ソフトもまた不十分な段階であり、設計した構造物に発生している応力の集中度をコンター図で積極的に強調することにより、力の流れを把握しやすい環境を作ることも必要である。

構造設計の最適設計と余裕度は構造設計者が一番知りたい情報であり、膨大なデータからアナログ的に全体像を把握できるまで構造計算ソフトが進化することを望んでいる。このことは、従来の構造計算ソフトが確認申請用の構造計算書の作成をする領域から、思考する構造設計へと進化することを意味する。

(2) 超高層ビルの簡易解析理論の開発

　超高層ビルは柱、梁の多くの部材から構成される3次元構造の骨組であり、地震等の動的に作用する外力に対する構造物の応答は、厳密には3次元的解析が必要となる。超高層ビルが地震等の動的外力によって挙動する現象(応答)を表せる、最低限の基本的な解析モデルを提案する必要があった。一般に、超高層を含めて建築構造物は柱や梁等の多くの部材が3次元的に構成し、重層の空間を構成している。現在超高層ビルはどんどん高くなり、1,000mを超える超々高層ビルも出現してきている。

　構造形態がどのように変化しても、超高層ビルに作用する横からの動的な外力(地震や風)により生じる超高層ビルの変形は、**図 2-22** に示すように、構造物全体が基礎から上層に従って高さに比例して大きな横変形をして曲がる「曲げ変形」と、各階の柱が曲げモーメントに抵抗して横力を支持する際に各階で横方向に変形する「スウェイ変形」とからなる。

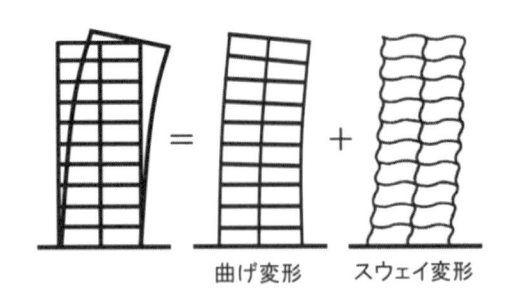

図 2-22　建物の変形

中・低層ビルでは曲げ変形は小さく、ほとんど柱の曲げ抵抗によるスウェイ変形が主である。しかし、超高層ビルでは曲げ変形が大きくなり、建物の幅に対する総高さの比(アスペクト比)が大の建物では大きな曲げ変形が起こり、最悪の場合転倒する。さらに超高層ビルでは、例えば各階の階高が 4m とすると 40 階では高さが 160m となり、柱に作用する軸力も巨大なものになる。柱に作用する軸力は、柱が隣り合う柱の中間の領域にあるすべての荷重を負担する(折半則:割り勘と同じで、半分半分を負担する)。

例えば、柱の間隔が 10m 四方に配置される場合、1 本の柱は隣り合う柱の間の床面積である 10m×10m＝100m² にある重さを負担する。建物に作用する重さは柱、梁を含めて一括して通常床面積当たりに概算すると 10kN/m² 程度であるので、各階当たりに柱が負担する軸力は 10kN/m²×100m²＝1,000kN/階 となる。下の階の柱は上の階で負担していた柱の軸力を負担しなければならないから、柱の軸力は下層になるほど大きくなる。今の例の場合、1 階の柱 1 本が負担する軸力は、1,000kN/階×40 階＝40,000kN となり、非常に大きな力が柱の軸方向に軸力として長期的に作用する。

各柱を支持している基礎は、この荷重を支えなければならない。地盤が悪い場合は地盤から直接にこの支持力を得ることができないので、一般には支持できる支持層まで杭を打って支持する。支持層が非常に深い場合は杭の長さも長大となるので、杭の周辺の摩擦を使用する摩擦杭を使用する。超高層ビルは大都市の堆積層に建設されるので、地盤が悪い場合が多い。そのため支持層も深く、支持杭を用いて設計される。

柱に生じるこの巨大な軸力は、超高層ビルが曲げ変形をして大きな横揺れを発生した際に、図 2-23 に示すように超高層ビルをさらに曲げる効果として作用する。i 階の横変位を Δ_i とし、その階のみの重さを P_i とすると、超高層ビルの横揺れにより生じた変形 Δ_i とその階の重さ P_i の積 $\Delta_i \times P_i$ が、超高層ビルを曲げるように作用する。この付加モーメントは各階に作用するので $P\text{-}\Delta$ 効果と呼ばれ、大きな横揺れが生じた場合、横変位を 20%程度大きくする。アスペクト比が大きな超高層ビルでは、転倒の危険性が増大することになる。

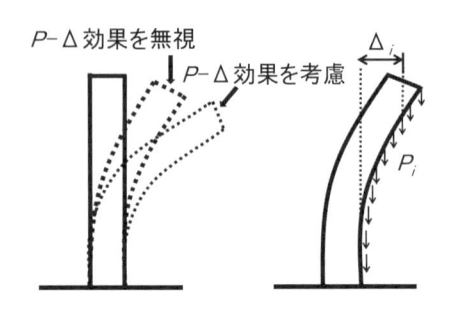

図 2-23　$P\text{-}\Delta$ 効果

　超高層ビルは柱と梁が重層に組まれ、各階の床面には床版(スラブ)が設けられた構造物ではあるが、平面架構の挙動でなく 3 次元的な挙動をする。超高層ビルはオフィスビル等に使用されることから、室内に柱のない大空間で使用する方が好まれる。この結果、超高層ビルの外壁面のみに柱を設けて外殻のみで支持する構造形式が提案された。2001 年 9 月 11 日テロによりジェット機が突入し崩壊したニューヨークのワールドトレードセンター(WTC)もこの形式である。
　このような構造形式はチューブ構造と呼ばれ、外殻のチューブで横力に抵抗する構造形式である。エレベーターおよびトイレ等は各階に設けられるので、これらをチューブ構造の中心にまとめてコア化し、内殻チューブとして耐力に寄与させる。内殻チューブはスウェイ変形には有効であるが、曲げ変形には有効でない。曲げ変形に対して有効にするには、同じ強さの 2 つの構面(力を負担できる平面架構)をできるだけ距離を離して置けば効果がある。このような作用を偶力と呼ぶ。
　チューブ構造では、外殻のフランジ面(横力が作用する方向に直交する面)に設置した柱列を相対する(反対側の)外殻のフランジ面と大きく離すことにより曲げ変形に抵抗している。電車に乗り立っていると電車の動きに揺られて倒れそうになるのが、両足を開けば転倒を避けることができることと同じである。マラソンで両手を互いに前後を違えて走るのも、偶力によるダッチロールを制御している。

2.4 芦屋浜高層住宅の被害と教訓　65

　チューブ構造の名称は、柱の形状がチューブでなく、柱の配置形態が比較的狭い間隔で外殻に配置されることに由来する。一般の建物では外殻チューブと内殻チューブからなるのがチューブ構造の特色であり、正式名称はチューブ・イン・チューブ(tube-in-tube)と呼ぶが、日本ではダブルチューブと呼ばれる。英語の表現の方がよく実状を反映した表現であるが、成立過程を知らない日本の設計者はそれぞれの役割に注意を払わずに形状のみで判断している。同様な事例として、日本語で時差ぼけは英語ではjet-lagであり、ジェット機による遅れを顕著に表している。

　チューブ構造からなる超高層ビルが横力を受けると、前述したように、曲げ変形とスウェイ変形を発生する。前者の曲げ変形は、図 2-24 に示すように、横力が作用する方向に直交する両側面の部分(フランジ面と呼ぶ)に伸びと縮みを生じる。一方、スウェイ変形は、外力が作用する方向に平行する面(ウェブ面と呼ぶ)に配置されている柱が負担する。このようにチューブ構造は、曲げ変形とスウェイ変形をフランジ面とウェブ面の別々の部分で負担する合理的な構造形式となっている。

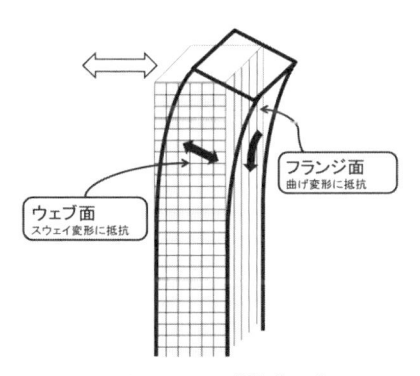

図 2-24　チューブ構造の変形

　地震力はいずれの方向からも作用するので、図 2-24 のような一方向のみに作用するのでなく、東西方向、南北方向、上下方向の 3 成分の合成として作用する。したがって、フランジ面とウェブ面は固定されるのでなく、地震を受けた際に構造物が抵抗する際の役割を示していると解釈してほし

い。すなわち、地震が作用している方向に直交する構面がフランジ面になり、平行している面がウェブ面になる。

　チューブ構造の顕著な特性としては、せん断遅れの現象がある。チューブ構造は航空機の翼と同じように横力に対して抵抗しているが、翼と同じせん断遅れ(shear-lag)の現象が発生する。それは、フランジ面に発生する軸方向の応力が一様でなく、周辺部分が大きく、中央部分が小さくなる現象である。ウェブ面にも両縁が大きく中間部分が小さくなる現象が現れる(図2-27参照)。したがって、チューブ構造からなる超高層ビルは3次元的挙動をするので、建物全体を3次元的に解析しなければその挙動(応答)がわからない。しかし、超高層ビルの構造部材の数があまりにも多すぎるので、高性能の解析設備を必要とし、さらに解析に要する時間および計算費用も膨大となる。

　構造物を合理的に設計するには、何回も部材断面等を変更して、最適な構造形態や部材寸法を見いだすことが不可欠である。このような作業は、構造設計の予備設計段階では毎回繰り返されている。そのためには、簡易であるが高精度に早く計算できる理論が必要となってきた。

　建築構造物は、それぞれの建物が異なった形状をしている。古今東西建築物は同じ形状の建物を設計することなく、各建物が個性的であり、設計者の意思を表現する作品として建設されてきた。自動車、電気製品、船等の同じものを多量に作る工業製品では型式認定で安全性等を評価するが、建築物では、一部の工業化住宅等を除いて、個々の建築物に対してそれに適合する設計を行い、確認申請と安全性が評価されてきた。建築物は一過性でなく、その地に建設されれば長い期間その場所での存在感を醸し出し、地域の住環境をリードすることに加えて、古くから施主の権威の象徴として捉えられてきた。そのため、設計は千差万別であり、構造設計は建築物ごとに最適な設計をすることが求められている。

　チューブ構造が我が国に導入される初期段階では、コンピュータは専用オペレータが操作する大型計算機センターが中心であり、大規模な演算装置であるが、計算速度も遅く、かつ計算費用も1分間2〜3万円と高額であった。当時は自分の給料相当額が一瞬にしてなくなるほどの高額であり、予

備設計に気軽にはおいそれとは使用できない状況であった。一方、1980年代の卓上コンピュータはNECのPC88のパソコンからPC98のパソコンへ移行する時期であり、このパソコンを用いて解析できる簡易理論の開発を研究した。

　大型コンピュータの計算時間は、数十分でもオペレータを介して処理されるのでターンアラウンドの時間(手元に返るまでの時間)が長く、計算処理を早くすることが最重要項目である。大型計算センターの汎用機に比べてパソコンの演算処理能力は遅いが、手元で計算するので待ち時間は計算している時間のみである。人間はどの程度ならばイライラせずに待つことができるだろうか。気短の人はデートの時間に早く来て待てずに早く帰るから、実質の待ち時間は非常に短く、いつも不成立に終止する傾向がある。待ち時間でヒントになったのは、当時販売されていたカップラーメンの謳い文句である3分以内であった。多分ラーメンの開発メーカーは、人がイライラせずに待つことができる時間は3分以内と判断して、3分を提示したと解釈した。そこで、3分以内で計算処理ができる超高層ビルの動的設計法を開発することに開発目標を設定した。

　計算能力がないパソコンを用いて、超高層ビル全体を3次元解析した結果と同等の結果を提示し、さらに計算に要する時間は3分以内で解析するには、超高層ビルの柱・梁等のすべての部材を含んだ極めて大容量の3次元骨組解析では完全にお手上げである。開発目標に合致するには、超高層ビルの動的挙動を支配している根幹的な挙動を抽出し、それをできるだけ解析的に処理することである。可能ならば、構造部位の座標値を入れればすぐ答えが出る解析解が好ましい。そこで、超高層ビルを1本の棒に等価に置換し、高精度に反映できる新しい棒材理論の開発に着手した。

　超高層ビルを1本の棒材に等価に置換した際、横力を受けて棒は曲がる。棒の表面には伸びる面と縮む面がある。いま伸びを(+)とすると、縮みは(−)となる。1つの棒材の断面内で、軸方向応力に(+)と(−)があれば応力が作用しない0が必ず存在することになる。この0の面を中立面と呼ぶ。現在の知識では中立面が(+)と(−)の間に存在することは予想できるが、当初は中立面の位置が(+)と(−)の間でなく、いずれかの外側にあると考

えられていたときもあった。構造物が安全に設計できるようになったのは、17～18世紀の連続体力学の天才たちの恩恵による。

　棒材理論は構造物に対する解析理論の基本であり、最初に開発された基本理論はBernoulli-Eulerの梁理論(構造力学で習う初等梁理論)である。棒材の内部に発生する応力は中立面からの距離に比例して直線分布であり、棒材の変形状態は変形前に中央面に直交していた面は、変形後も中央面に直交(直角)しているというBernoulli-Eulerの仮定に基づいている。

　しかし、実際の構造物はせん断変形(スウェイ変形)により、変形後の断面は材軸線である中央面(中立面)と常に直交していない。これを簡易に表す方法として、変形後の断面は平面を保ちながら、材軸線とある角度を持っていると仮定した。この仮定に基づくと、変形後の棒材の内部の変位がせん断変形する状態を簡易に考慮できることになる。これがTimoshenko beam理論である(図2-25)。

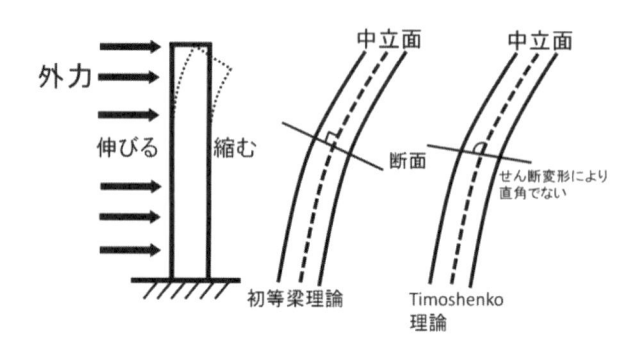

図2-25　棒材の変形

　構造物には捩りの力が作用する。捩りはトルクとも言われ、ボルトを緩めたり締めたりするのは捩りによりできる。構造物に作用する捩り現象は、外力が非対称に作用することにより発生する場合と、構造物の内部の強さ(剛性)が不均一であることにより発生する場合とがある。超高層ビルでは、前者は風により超高層ビルの両側面を流れる渦による交番繰り返しの捩りがある。一方、後者は構造物の重心(重さの中心)と剛心(構造部材の配置に

よる強さの中心)とが異なる場合、両方の間の距離を表す偏心により生じる捩りである。

棒材は捩りを受けると、円形断面以外は断面が一様でなく反る(ワービング)。この反りを拘束するかしないかの効果は、構造物の材長と大きく関係してくる。材の端部を拘束しない状態で捩った場合は St. Venant の捩り理論がある。材長が短い場合、材の端部が変形を拘束していると挙動が異なることから Wagner の捩り理論がある。捩りを従来の棒材理論に統一的に考慮したのが、Vlasov 理論である。

また、航空機の翼で発生したせん断遅れは Reissner により検討された。Reissner による手法は、せん断遅れの現象を表すため、図 2-26 に示すように、フランジ上下面に生じる引張および圧縮応力の分布形を 2 次曲線で表し、解析解を提示している。その手法は新しい問題に対して現象を陽に表す解析モデルを提示し、それを簡易かつ華麗に展開する方法であり、研究者としての研究の進め方に感動した。

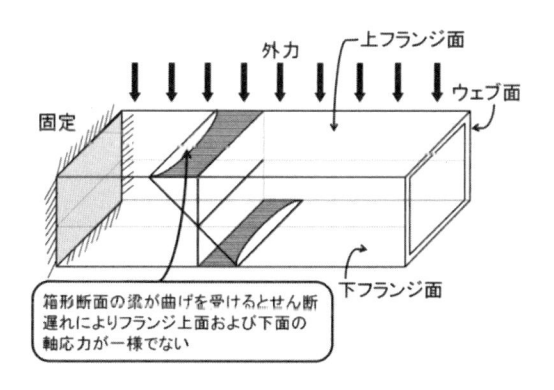

図 2-26 箱形断面梁のせん断遅れ

以上のような伝統ある棒材理論に新しい展開をしないと、先駆的な研究はできない。そこで、超高層ビルを簡易であるが高精度に解析する変位場(解析モデル)として、次のように設定した。

- 曲げ変形は、せん断変形を考慮した Timoshenko beam を利用する。
- せん断遅れはフランジ面に対しては Reissner の 2 次曲線分布を利用し、ウェブ面に対しては新しく sin 分布と仮定する。
- 振り変形は断面形状で決まる反り関数と振り角の積で表す。

上述したように、開発目標が決定した。等価剛性の棒材理論の変位関数が設定されると、力学の原理であるハミルトンの原理を用いて、変分法の面倒な計算を行えば、変位場に対応した支配方程式(運動方程式および境界条件式)が得られる。こうして、超高層ビルの軸変形、曲げ変形、せん断変形、振り変形、せん断遅れを考慮した 1 次元棒材理論による簡易解析理論を開発した。この結果、未知数の数が、軸方向変位、水平変位、せん断回転変位、振り角、せん断遅れ変位係数の 5 個からなる運動方程式で表せることになり、理論展開および数値計算が容易になった。この理論は論文[13]~[16]に示すように、有限要素法を用いた 3 次元骨組解析と良好な一致を示し、超高層ビルの種々の問題に利用した(図 2-27)。簡易ではあるが高精度であることを特徴として、超高層から超々高層ビルの種々の問題に使用して論文発表した。

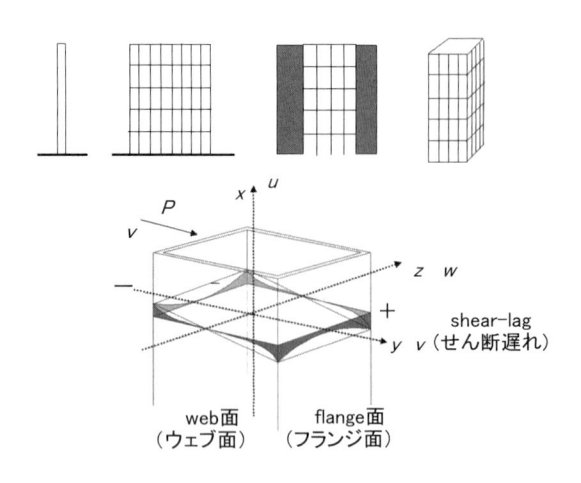

図 2-27 1 次元棒材理論の応用と変位場

(3) 超々高層ビルに対する1次元棒材理論の応用

バブル景気の頃、1,000m の高さの超々高層ビルの計画が持ち上がった。当時の超高層ビルの高さは 200m 規模であり、超々高層ビルは 3〜5 倍の高さを目標にしている。技術的に 3〜5 倍の規模は、既存の技術の延長で対応できるが、それが 10 倍ともなると既存の技術では対応できなくなり、新しい技術を必要とする。超々高層ビルは約 1,000 年の使用期間であり、その間、維持管理をしながら使用する。維持管理をする建築施工会社が専属で入り、毎年階ごとに修理・維持工事を担当する。現在の建物の多くがスクラップ・アンド・ビルドの思想で建設されているが、超々高層ビルは建設するにも時間と費用がかかり、それを取り壊すにも膨大な時間と費用がかかる。さらに、それを利用している人々が極めて多数であり、建て替え時での移動も大変となる。超々高層ビル 2〜3 棟で地方都市の人口が収容できるほどの巨大な規模であり、1 つの街を飲み込む新しい生活パターンが出現する。

超々高層ビルが風、地震、雪、温度変化に対してどのような挙動をするのか、それらの外乱に対して有効な対策は何か、また不足する場合はどのような技術開発を必要とするのかに関して、構造計画をする機会があった。構造計画は、すべての建築物を計画する際には必ず実施される。構造計画の出来、不出来により、その時点で建築物の評価が決定していると言っても過言ではない。構造設計者は、構造計画において建築物に新たな命を与えることになるので、多面的な検討をし、その中から最適案を唯一決定しなければならない。この大切な構造計画が軽視され、構造計算のみに終始する傾向にあることは、構造設計者は反省しなければならない。

超々高層ビルに対する構造計画は大変夢のある研究であり、異分野で極限状態のもとで使用されている技術を集め、超々高層ビルに適用可能かを検討した。超々高層ビルが揺れ出すとジェット機のエンジンを使用し、噴射、逆噴射を用いて制御することにより揺れを抑える等の検討もした。外壁面の風による抵抗を抑えるために、ヨットで使用されている技術の援用も検討した。超々高層ビルの揺れを抑える方法として、揺れ出すと、超々高層ビルの側面から羽根を出して、空気抵抗により減衰を高める方法も検

討した。この技術は、高速で走行中の新幹線が地震を受けて急停止する際に、各車両の屋根面に取り付けたネコの耳のような空気抵抗板を突き出すシステムと同じである。

　超々高層ビルの構造形式は、図 2-28 に示すように 1 本柱形式と 3 本柱形式に大別される。超々高層ビルで火災が発生すると大惨事になるので、当然消防署並みの施設と機能は設備され、下階の火災が上階に延焼しない万全の対策が必要不可欠である。1 本柱形式は、下階の構造が出来上らないと上階が施工できないので建設に時間を要する。

　これに対して 3 本柱形式は、1 本柱形式と同等の床面積を 3 本の円柱状等の構造物で組み立てる工法である。円柱状構造物は 3 カ所に施工箇所を同時に進行できるので有利と考えられるが、外壁面積および施工区画が分散されるので必ずしも有利とは言えない。3 本柱形式では、途中に設けた連絡階で他の棟に避難できる。これに対して、1 本柱形式では自分の棟のみであり、防火区画を完全に確保する必要がある。

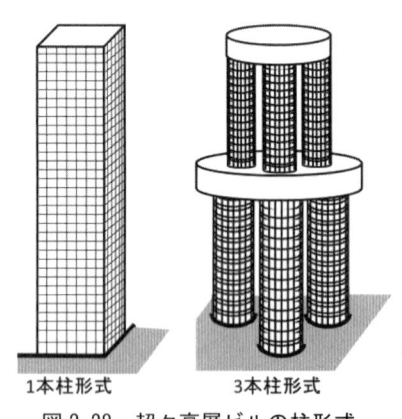

図 2-28　超々高層ビルの柱形式

　超々高層ビルの構造形式を 1 本柱形式とした際、外観および用途からセットバックする形式が採用される場合がある。このような多様な形式を、前述した 1 次元棒材理論を用いて解析した。セットバックをしていない一様な 1 本柱形式（図 2-29(a)）では、応答値は有限要素法の結果と良好な一

致を示した。しかし、セットバックした場合は、解析値で求めた応答変位が剛く（小さく）なる傾向が見られた。1次元棒材理論では、セットバックの有無にかかわらず、変位、せん断力、曲げモーメント、回転角、shear-lagに関する連続性を使用している。

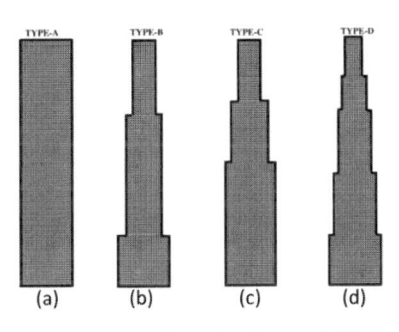

図 2-29　1本柱形式の超々高層ビル

しかし、実際の挙動は、図 2-30 に示すように、セットバックしている部分では、下階と上階が連続して接続している部分（連続部分）と、下階で終わって上階がない部分（自由端の部分）とがある。前者に対する境界条件は、変形および応力に関する連続性が保証されることである。一方、後者の部分については、せん断力および曲げモーメントが零となることである。これを自由端と呼ぶ。

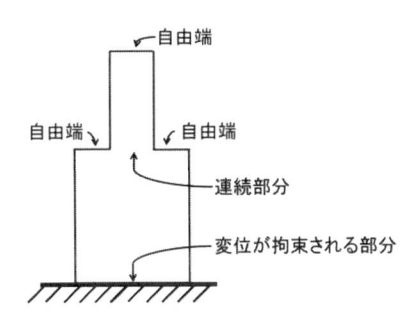

図 2-30　セットバックする棒材の境界条件

セットバックした部分では両者の境界条件が存在するが、1次元棒材理論では、これを説明できる変数は極めて制限された自由度に限定しているので、マクロな立場でしか扱うことができない。構造内部のミクロな境界条件を扱う必要があるが、現下の1次元棒材理論でマクロ的立場をとるので、どのように処理すれば妥当な結果を提示できるかについて、少し沈思黙考し、何か名案がないかを模索した。そこで考えたのは、川の流れが広い幅から狭い幅に流れていくと、狭隘部分にのみ水が流れ広い方の両隅では水が流れなく淀むことである。この現象をセットバック部分に導入することにした。具体的には、**図 2-31** に示すように、セットバックしている部分のくびれ近くの断面を無視して、剛性を低下させることにした。

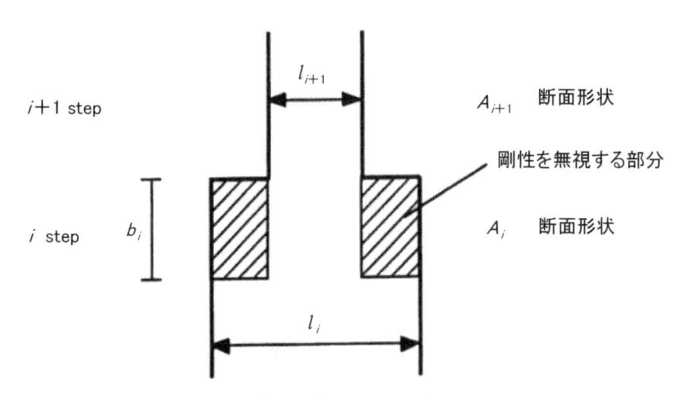

図 2-31　セットバック部分での剛性を無視する部分

第 i 番目のセットバック部分に対する剛性低下係数 k_i は、

$$k_i = \frac{A_i}{A_{i+1}} - 1$$

となる。ここに、A_i および A_{i+1} はセットバックを生じている i 番目および $i+1$ 番目の階にある全柱の断面積である。また、i 番目のセットバックで剛性を無視する部分の長さ b_i は、

$$b_i = l_{i+1} k_i$$

である。ここに l_{i+1} は $i+1$ 番目の建物の幅である。超々高層ビルは構造形式として多重のチューブ構造が基本となるから、上記 l_{i+1} での値の建物の幅はチューブ構造の幅となる。

　上記の仮定を導入して超々高層ビルの数値計算を行い、NASTRAN を用いた有限要素法による構造物全体を 3 次元骨組解析した結果と比較した結果、ほぼ良好な一致を見た。ここでほぼと表現したのは、TYPE-D のようにセットバックが多いほど精度が悪くなっている。これを改善したいという気持ちは研究者として当然あったが、これは脳裏に留めおいて、前述した超々高層ビルの構造計画の研究に専念した。上述のように、1 次元棒材理論の計算時間は、超々高層ビルに対してもほぼ一瞬に近い時間で計算できる。一方、提示したこの考えの妥当性を検証するために、汎用有限要素法 NASTRAN を用いて 3 次元立体フレーム解析した。

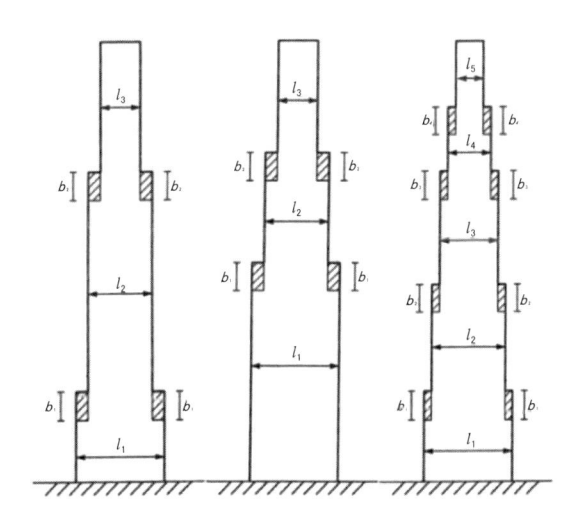

図 2-32　セットバック部分での剛性を無視する超々高層ビル

　しかし、超々高層ビルに対する有限要素法による動的応答解析は、部材の多さから 1 つの計算に多大の時間を要し、メモリー不足、ディスク容量不足の多くのトラブルから一朝一夕には進まなかった。研究には運、根、

鈍が必要とも言われるが、毎日机にかじり付くことで検証用データが何とか得られた。一方、1次元棒材理論の方は、超々高層ビルであっても瞬時に近く解析結果が出るので、予備設計に十分活用できると自負した。

　設計者は、市販またはレンタルの汎用有限要素法を用いるので、開発した理論の普及化と存在意義を主張するには、簡易であるが高精度でかつ早いという計算スピードにおいて圧倒的な差をつけることが不可欠である。

　超々高層ビルは長周期を持つので、地震に対しては極めて安全であると言われていた。しかし、数値計算をしてみると、地震に対する応答は小さいが、地震波の入力をすべて終わっても、超々高層ビルの揺れは収束せず、ゆっくりとした揺れが長時間継続することがわかった。これは居住者に船酔い状態を生じて、健康障害を発生させる恐れがあると感じた。そこで、この揺れを抑えることができる制振装置を検討した。

　制振装置の利用は有効であり、検討結果を論文に発表した[21]。実は、このとき入力地震動に長周期地震動の成分が多い地震動に対する大きな横揺れ問題が陰に提示されていたが、浅学非才な筆者には陽にそれを看破できる能力に欠けていた。現在、全国いや全世界に建設されている超高層ビルが長周期地震動を受けると大きな横揺れが発生し、危険であるという先駆的な警鐘を聞きもらしていたことになる。現在、この問題に対する有効な対策法を1次元棒材理論を用いて研究中である。

(4)　1次元棒材理論から2次元棒材理論への拡張

　上述した1次元棒材理論は、超高層ビルの応答を計算できるが、超高層ビルの構造形式には、2つの耐震壁が大きな開口または梁で連続された有開口耐震壁やセットバック等がある。これらの構造では、高さ方向における力の伝達に加えて、横方向の力の伝達に局所的な変動が発生する。1次元棒材理論では独立変数を極度に制約しているため、前者の高さ方向の力の伝達は考慮できるが、後者の扱いはできない。

　前述したように、超々高層ビルのセットバック部分での扱いは、より合理的な展開をしたいと脳裏にあった。そこで、1次元棒材理論を、有開口耐震壁付ラーメンやセットバック等がある種々の構造物にも適用できるよ

うに、高さ方向の剛性変化と横方向の剛性変化を考慮できる2次元棒材理論に拡張し、論文に発表した[22)23)]（**図 2-33**）。この理論は、棒材の基本的仮定である Bernoulli-Euler の仮定、Timoshenko の仮定に依存しない新しい展開である。

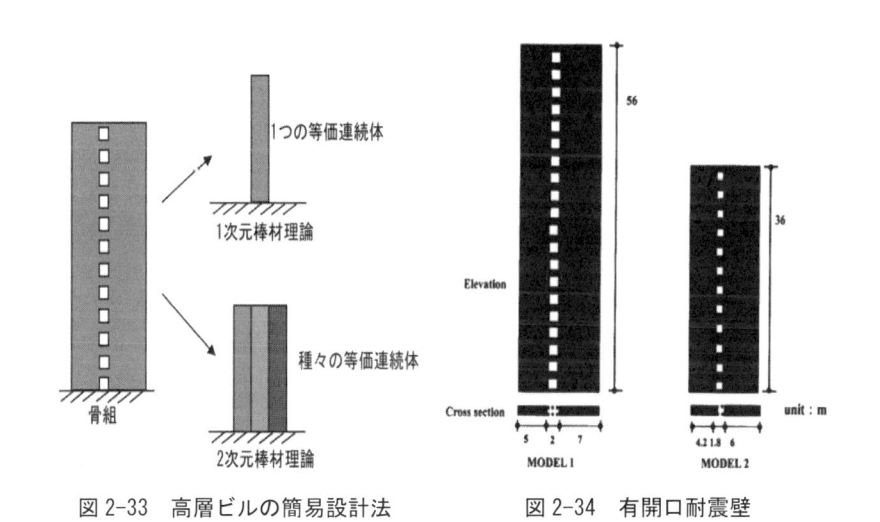

図 2-33　高層ビルの簡易設計法　　　図 2-34　有開口耐震壁

　インターネットでの情報発信力は加速化し、その威力を拡大している。インターネットが普及する前は、論文の検索、入手が大変であり、情報の収集、論文の投稿等が容易にできない時代であった。今では、研究者の名前、検索キーワードを入力すれば自分が管理している以上のデータが入手できる。最近インターネット書籍が全世界的に進み、誰でもオープン形式で自由にダウンロードおよび読むことができる時代になってきている。そこで、1 次元棒材理論に関してこれまで発表してきた論文をまとめて、拙い英語力で出版[24)]したところ、米国を中心に全世界から 2,000 回のダウンロードがあったと出版社から E メールが来た。論文を読む人の多さと、インターネットでの発信力の威力を再認識した。

　現在はコンピュータの演算速度が高速化され、構造設計者が構造計算用汎用ソフトを使用することから、解析的展開の利用が極端に少なくなって

いる。この傾向は研究者にも大きく影響し、最近発表された論文の多くが汎用解析ソフトを用いた展開が多く、独断と偏見に基づいた個性的な展開が少なくなってきている。研究者として、新しい現象を端的にかつ簡易に解析することに関心を持たないことは、既存の概念の延長にすぎなく、研究は演習問題の域にある。問題が発生したときそれを解決できる方法として、もっと近道で新しい道の存在があるとロマンを抱き、それを先駆者として見つけることが新しい学問の領域を開拓できる道に繋がっていると考えている。その一角でも開拓できればと常日頃から考えているが、何もなさずに人生を終えそうであり、残念である。

2.5 岩手・宮城内陸地震の教訓

　岩手・宮城内陸地震は、2008（平成20）年6月14日午前8時43分に、岩手県内陸南部にM7.2の地震が発生した（図2-35）。

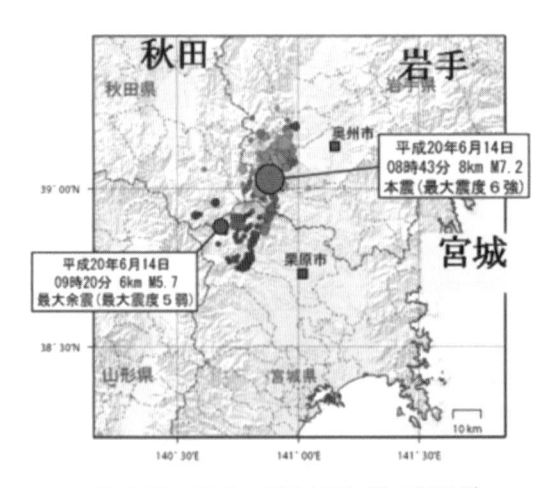

図2-35　岩手・宮城内陸地震の震源[24]

　この地震による被害は前述した大震災に比べると小さいが、ここで特別に述べる理由は、上下動の加速度が3,866galと4Gに近いことにある。重

力加速度が 1G を超えると、物体は浮上することから、4G は極めて大きな値である。地震による建物の被害は少ないが、大規模な表層崩壊が震源近くの山々で発生している。**図 2-36** に見られるように、山全体が表層崩壊を発生し、土砂災害が極めて甚大である。また、**図 2-37** では、鉄骨造の橋が跳び上がり落橋している。

図 2-36　大規模な表層崩壊　　　　図 2-37　鉄骨造橋の落橋

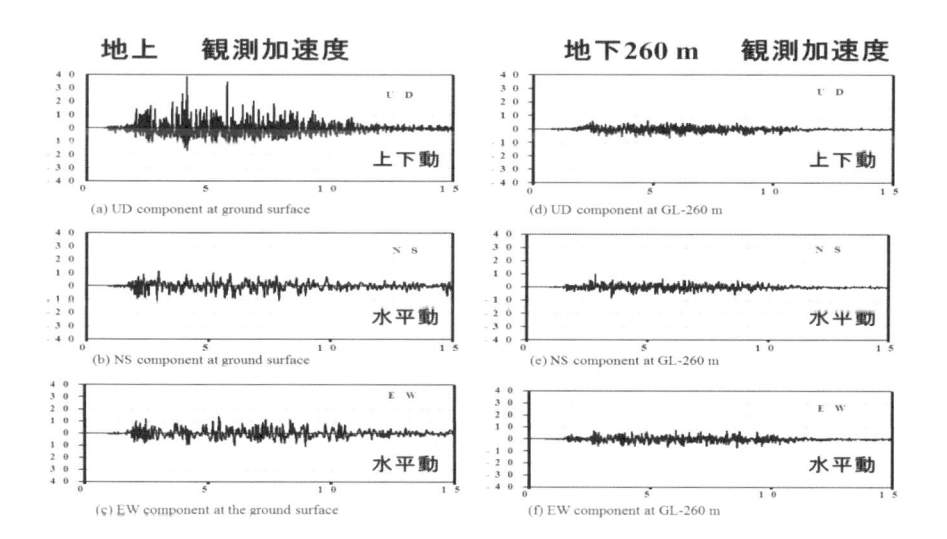

図 2-38　IWTH25 の地震計が計測した加速度時刻歴

80 第 2 章 近年の大災害と教訓

　阪神・淡路大震災以後全国に設置された KIK-net（Kiban-Kyoshin Net：基盤強震観測網）システムで、震源地近くに設置されている IWTH25 の地震計が極めて注目すべき加速度を記録した。地震計 IWTH25 は、地表と地下 260m の両方に設置されている。図 2-38 に示したのは、地表面および地下 260m で計測された垂直成分（上下動成分）、水平 NS および EW 成分の加速度波形である。地下で計測された加速度は通常の地震波と変わらない。しかし、地上で計測された垂直成分の加速度は上向き方向に 4G を示し、その加速度波形は突出（スパイク）を持っている。

(1) 共振現象

　岩手・宮城内陸地震の原因究明の前に、構造物の挙動に大きく影響する共振現象について述べる。著者はかつて地震が発生した際、震源地近くで地表面に位置する石が跳ぶ現象を検討した（図 2-39）。従来、跳石現象は、地震の水平動により石が水平動を繰り返して跳び上るとされていた。しかし、この仮説では、跳び上った石が跳び上る前にあった地面の縁（キャップ）は崩れていないことを説明できない。

図 2-39　カリフォルニア地震の跳石（1992 年）

この点に着目し、跳石は上下動により跳び上ると直感的に考え、跳石現象の原因を先駆的に論文[26]に発表した。跳石は、入力地震動と表層地盤の固有周期が一致した場合によく跳び上ることを数値計算で解明した。

構造物には、その質量と強さにより独自の特性があり、それを固有周期で表す。固有周期は構造物が独自に動くことができるだけの数があり、最大の固有周期(s)を1次の固有周期と呼び、順に固有周期が小さくなるほど2次、3次…となる。1次の固有周期は構造物の1次の振動モードに対応している。2次、3次の固有周期は、さらに高次の振動モードにそれぞれ対応している。したがって、構造物が外力を受けると、通常は1次モードの固有周期に大きく影響される。跳石現象は地盤と入力地震動の周期が一致する際に生じる共振現象である。

共振現象は構造物の崩壊に大きく関与する。共振現象により生じた構造物の被害例として、世界第3位の長大吊橋であったタコマナローズ橋の崩壊が挙げられる。この橋は1940年7月に竣工し、施工時および竣工時においてもよく揺れることから種々の対策が実施されていたが、同年11月に崩落した。この長大吊橋は、当時の長大橋の新しい設計法として柔らかい橋桁で設計された。薄い橋桁に加えてコストの制約から橋桁の幅が狭くなったことも関係して、橋桁の固有周期と風の固有周期が一致して共振現象を発生し、上下方向の振動から捩れ振動に変わって崩落した(図2-40)。

図2-40 タコマナローズ橋の崩落前後の状況[27]

タコマナローズ橋の崩壊は、当日異常振動を観測していたワシントン大学の研究チームにより、橋に起こった崩落までの一部始終を映画カメラで映像として記録された。この映像は構造設計の講義の際によく用いられ、構造設計を目指す若者に大きなインパクトを与えている。タコマナローズ橋の落橋以後、長大橋の橋桁は強化されるとともに、橋桁に作用する風の抵抗を弱める工夫がされるようになった。

　世界の長大橋として屈指に入る瀬戸大橋の設計に際しても、タコマナローズ橋の崩落映像を参考にして橋桁の設計をしたと伝えられている。長大橋は橋桁の固有周期が長いことから、風によるフラッターを生じて現在でも問題になる場合がある。橋桁がスリムな設計は長大橋の景観として美しいが、橋桁の剛性を十分に確保して落橋しない構造設計をすることがデザインよりも大切である。

　最近問題となっている、長周期地震動が作用した際に発生する超高層ビルの大きな横揺れ現象も共振現象である。また、阪神・淡路大震災でも、4本柱の鐘楼が跳び上って移動している事例が多く観察された。これらの現象は、跳石と同じメカニズムであると考えられる。

　話を元に戻すと、岩手・宮城内陸地震による極めて大きな上下動の加速度は、跳石現象と同じメカニズムであると考えて研究を開始した。現地調査の際、途中厳美渓の空を飛ぶ団子を食べ、英気を養って現地入りした。現地に近づくほど、山々が大規模な山崩れを発生していた。この状態を見て、地震の上下動が主要原因であるという確信を高めた。

　しかし、IWTH25の地震計(図2-41)が計測した2つの問題点、すなわち、地表面の上下動加速度が4Gであることと、さらに、その加速度の時刻歴波形がスパイク状を呈していることを、数値計算で再現することはなかなか難しく、その解明法として、このような奇異な現象を発生させると考えられる種々の可能性を列挙し、それらを消去していく方法を採用した。

　その結果、大きな上下動加速度とそのスパイク性状は表層地盤内での跳び上りにより発生したことが判明した。この研究結果を論文に発表した[29]。このような大きな上下動加速度が発生すると、大規模な斜面崩壊が広範囲

に発生する。山の斜面が急峻な場合は地表面の堆積層の状況にも関係するが、大規模な斜面崩壊の危険性があり、そのような場所を通る道路は救援・支援道路には使用できない。

図 2-41　地震計の設置状況[28]

2.6　既存鉄筋コンクリート造建築物の耐震診断

鉄筋コンクリート造建築物の耐震性は、柱と耐震壁の強度に依存する。昭和 56 年施行の新耐震設計法以前の建築基準法と新耐震設計法以後の建築物の耐震性に関する大きな違いは、柱の耐震性能にある。鉄筋も丸鋼から異形鉄筋に変化し、径も太くなるとともに、せん断補強筋であるフープの間隔が小さくなり、同時にコンクリート強度も施工管理の向上とともに大きくなっている。

構造規定で決められている帯筋（フープ）の間隔は、**表 2-4** のように変遷してきた。フープの間隔を小さくすることにより、フープで囲まれた柱の主筋内部にあるコンクリートが拘束されて膨らみ出しを防止できることから（図 2-42）、せん断力に対する抵抗が増加する。フープ間隔が粗いと、フープ内のコンクリートが十分に拘束されなく、せん断力によりコンクリートが膨らみ出しやすくなる。

柱に作用する（曲げようとする）曲げモーメントは、引張側の主筋と圧縮側のコンクリートおよび圧縮側主筋で抵抗し、曲げモーメントに伴うせん

断力(柱を水平方向に切ろうとする力)は柱のコンクリート断面とフープで抵抗する。フープを密に配筋することにより、主筋の内側にあるコンクリートが拘束されて、主筋、フープとコンクリートが一体となって抵抗できる粘りのある柱を形成することができる(図 2-43)。

表 2-4 柱のせん断補強筋(フープ)の間隔とコンクリート強度の変遷

年代	昭和 22 年	昭和 33 年	昭和 37 年	昭和 46 年	昭和 56 年〜現在
帯筋間隔	$15D$ D：主筋の径	30cm	上下端 15cm 中間 30cm	上下端 10cm 中間 15cm	10cm 10cm
コンクリート強度	$13.5N/mm^2$	$15N/mm^2$	$18N/mm^2$	$21N/mm^2$	$21N/mm^2$

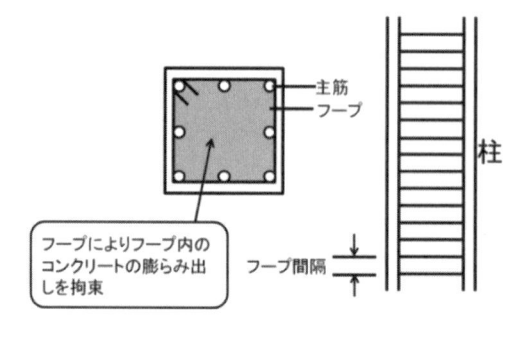

図 2-42 フープ間隔

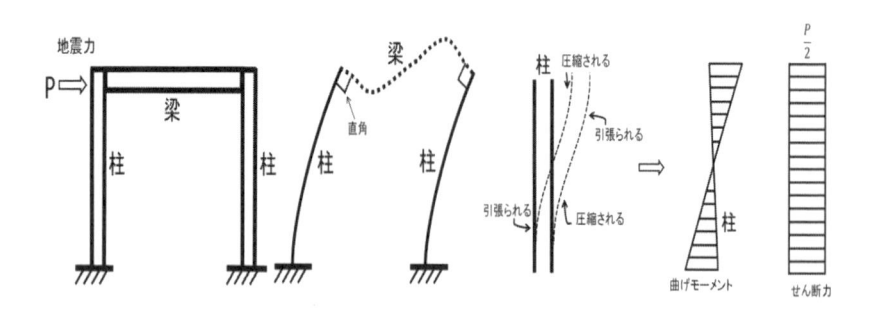

図 2-43 水平力を受けるラーメン構造の柱に作用する曲げモーメント

2.6 既存鉄筋コンクリート造建築物の耐震診断

既存建築物の耐震診断は、既存の建築物が持っている断面寸法、鉄筋径、配筋間隔、材料強度を用いて建物が現在保有している耐震性能を評価し、その値が当該建築物に要求される基準値より大きい場合を耐震性があると判定する[30]。既存建築物の耐震性の評価は、無次元化した指標値を用いると便利であるから、既存鉄筋コンクリート造建築物に対しては以下のように判定する。

$$I_s \geqq I_{s0} \qquad (2.1)$$

$$C_{TU} S_D \geqq 0.3 Z G U \qquad (2.2)$$

ここに、I_s=構造耐震指標、I_{s0}=構造耐震判定指標、C_{TU}=累積強度指標、S_D=形状指標、Z=地域指標、G=地盤指標、U=用途指標である。既存鉄骨造建築物に対しては、式(2.2)に代えて式(2.2-2)を用いる。ここに q=保有水平耐力に関わる判定指標である。

$$q \geqq U \qquad (2.2\text{-}2)$$

構造物が保有している耐震性能 I_s は、構造物が保有している耐震性を表す保有性能基本指標 E_0 に、構造物の形状によるペナルティーとして形状指標 S_D と、経年によるクラック等の欠陥を考慮した経年指標 T との積として与えられる。

$$I_s = E_0 \cdot S_D \cdot T \qquad (2.3)$$

保有性能基本指標 E_0 は、建物が保有している水平耐力の強度指標 C と、変形を指標化した靭性指標 F との積として表せる。一方、上層になるほど地震力は増幅されるから、地震力の増幅を階数 n に比例して $(n+i)/(n+1)$ と表す。これは、地震層せん断力係数の建築物の高さ方向の分布を表す係数 A_i 分布と同じ意味である。保有性能基本指標ではこれを逆にして、保有している耐力を低減する形として $(n+1)/(n+i)$ を用いて、

$$E_0 = \left(\frac{n+1}{n+i}, C, F \right)$$

と表す。保有性能基本指標は、個々の垂直部材(柱や耐震壁)ごとに終局強度と変形性能(靭性指標)が異なるので、評価法は2通りある。第1の方法は、式(2.4)で表せる靭性型保有性能基本指標であり、各垂直部材の終局耐力と靭性指標の積に対して2乗和(RMS)でもって耐震性を評価する方法である。

一方、式(2.5)は、ある基準部材の靭性指標 F_1 を決めておき、この靭性指標になるときの各垂直部材の水平耐力を用いる方法であり、靭性指標 F_1 に対応した部材耐力は各垂直部材の終局耐力 C_i に強度寄与係数 α_i を掛けて求める。したがって、式(2.5)では建物の変形を規定し、この状態での構造物の耐震性能を評価できるので、耐震補強に際しては、基本的に式(2.5)の強度型を使用する。

- 靭性型保有性能基本指標

$$E_0 = \frac{n+1}{n+i}\sqrt{(C_1 \times F_1)^2 + (C_2 \times F_2)^2 + (C_3 \times F_3)^2} \tag{2.4}$$

- 強度型保有性能基本指標

$$E_0 = \frac{n+1}{n+i}\left(C_1 + \sum \alpha_i C_i\right) \times F_1 \tag{2.5}$$

構造部材の強度指標 C の決定に際し、構造部材の分類を大局的にすることが簡易な手法として不可欠である。そこで構造部材を極脆性柱、せん断柱、せん断壁、曲げ柱、曲げ壁の5種類に分類し、それぞれに靭性指標 F の値をあらかじめ決めておく。鉄筋コンクリート造建築物の耐力は、耐震壁の中でもせん断壁の耐力に大きく依存することから、せん断壁が破壊する層間変形角 1/250 を靭性指標 $F=1$ とする。この基準値 $F=1$ が決まると、これより靭性がなく層間変形角が 1/500 程度で破壊する極脆性柱を $F=0.8$ とする。構造部材ごとに適宜靭性指標 F を決めると、次のようになる。

(a) 極脆性柱　　$F=0.8$　　　　　1/500
(b) せん断壁　　$F=1.0$　　　　　1/250
(c) 曲げ壁　　　$F=1.0\sim2.0$　　 1/250〜1/70
(d) せん断柱　　$F=1.0\sim1.27$　 1/250〜1/150

（e）曲げ柱　　　$F=1.0\sim1.27\sim3.2$　　　$1/250\sim1/150\sim1/30$

　なお、$F=1.5$ は層間変形角が $1/100$ であり、通常の建物の場合窓ガラスが破損する。超高層ビルでは靭性を高めるため、ガラスを留めるガスケットに工夫を施している。

　1 枚の耐震壁には、耐震壁（柱付耐震壁の場合は柱の主筋を含める）に配筋される縦筋の耐力により決まる終局曲げモーメントから決まるせん断強度 Q_{MU} と、せん断破壊から決まるせん断強度 Q_{SU} とがあり、部材耐力 Q_U は Q_{MU} と Q_{SU} の小さい方で決まる。したがって、曲げ柱および曲げ壁は $Q_{MU} < Q_{SU}$ の状態であり、せん断柱およびせん断壁は $Q_{MU} > Q_{SU}$ の状態である。なお、強度指標 C は、部材の水平終局強度 Q_U を当該階に作用する地震用重量（その層より上層にある層の地震用荷重を総和した重量）で割って、無次元化した量である。

　強度指標 C の算出法は診断レベルに対応して、第 1 次診断法、第 2 次診断法、第 3 次診断法の順により詳細になる。第 1 次診断法は、垂直部材を壁、柱、極短柱の 3 種類に分類し、それぞれの部材の終局強度を規定し、垂直部材の断面積を掛けて終局耐力を求める。壁式コンクリート造や耐震壁が多い建物の簡易診断法としては便利である。しかし、通常の鉄筋コンクリート造建築物では有壁ラーメン構造が支配的であるから、第 2 次診断法を用いる。第 2 次診断法では、梁は剛と仮定して計算している。一方、第 3 次診断法は梁の配筋等を考慮したより詳細な診断法であるが、正しく評価式を用いないと正しい結果が得られるとは限らないので、十分な検討が必要となる。筆者の経験から、通常の既存鉄筋コンクリート造建築物については第 2 次診断法で十分と考えている。

　次に、形状指標 S_D について述べる。構造物の耐震性は、建物の形状や偏心等により著しく耐力を低下する場合がある。特に、形状の悪さと偏心とは密接に関係する。建物の重さはほぼ建物の中心にあり、この点を重心（図心）と呼ぶ。一方、建物の柱や耐震壁の垂直部材の配置により強さ（剛性）の中心があり、この点を剛心と呼ぶ。重心と剛心との間の距離を偏心距離と呼び、梁間方向と桁行方向にそれぞれ偏心距離 e_x、e_y がある（図 2-44）。

図 2-44　偏心

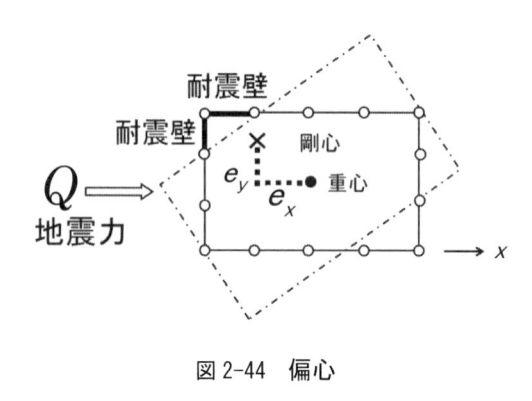

　地震力が水平方向に作用すると、重心に地震力が作用する。いま、建物が重心に x 方向に作用した地震力 Q を受けると、建築物は剛心を回転中心として回転する。そのため、剛心より遠い位置にある柱や耐震壁は大きく振られることになる。振られないためには、偏心距離ができるだけ小さい方がよい。

　形状指標 S_D は、第 1 次診断法として、平面形状(整形性、辺長比、くびれ、Expansion Joint、吹抜)と断面形状(地下室の有無、層高の均等性、ピロティ)によるペナルティーを考慮する。さらに、第 2 次診断法では、上記の第 1 次診断法で用いた S_D の項目に加えて、重心－剛心のずれ(偏心距離)、上下層の剛性比を考慮する。基本的には S_D はペナルティーであるから、構造計画がよくできた建物では $S_D=1$ となり、構造計画上欠点がある建物は S_D が 1 より小さくなる。

　形状指標 S_D は、後述する経年指標 T と同様に、式(2.3)で示されたように、構造耐震指標 I_s の算出に大きく影響するので、耐震改修においては形状指標 S_D が良くなるように改修すべきである。なお、形状指標 S_D は地下室があれば 1 より大きくなる。経年指標 T は構造物のクラックや中性比等を反映するペナルティーであり、維持管理が良くできている建物では $T=1$ となる。

2.6 既存鉄筋コンクリート造建築物の耐震診断

構造物の耐震性能は、式(2.1)のように、建物が保有している構造耐震指標 I_s と、当該建築物に要求される構造耐震判定指標 I_{s0}（アイエスゼロ）との比較により判定される。それでは、比較の基準となる I_{s0} はどのようにして決定されるかについて述べる。I_{s0} は次式で定義される。

$$I_{s0} = E_S \cdot Z \cdot G \cdot U$$

ここに、E_S＝耐震判定基本指標、Z＝地域係数、G＝地盤指標、U＝用途指標である。

耐震診断は実証学であり、地震により崩壊した建築物を調査し、どの程度の I_{s0} 値以上は崩壊・損傷が少ないかを蓄積することにより、必要とされる建築物の耐震性能の基準値 I_{s0} が決定できる。その結果、耐震判定基本指標 E_S の値は、

第1次診断用　　　E_S=0.8
第2次診断用　　　E_S=0.6
第3次診断用　　　E_S=0.6

を採用する。一方、建築物の用途が災害時に担う役割により、建築物の耐震性能を高めておく必要がある。例えば、災害時の防災拠点となる県庁、市役所等が崩壊してしまうと救援・支援活動ができなくなる。そこで、通常の建物より耐震性能を高めておく指標として用途指標 U を導入し、以下のように設定する。

U=1.50　　災害時に重要な役割をする建築物
U=1.25　　災害時に避難の用途に使用する建築物
U=1.0　　 通常の用途に使用する建築物

建物の耐震性は無論、構造耐震指標 I_s が大きければ大きいほど安全であり、第1次診断法および第2次診断法で求めた I_s が 0.8 以上であれば、軽微または無被害である。ここで留意すべき点は、構造耐震指標 I_s を決定する保有性能基本指標 E_0 が、どの程度の変形性能で評価されているかが重要である。変形が大きいほど建築物の耐震性は低下し、構造物の損傷が大きくなる。したがって、建築物の耐震性を評価した際の靭性指標 F で、当該建築物がどの程度の強度を持っているかが重要である。

これを示すのが、式(2.2)で示したように $C_{TU}S_D$ の指標値であり、できるだけ高い値がよい。$C_{TU}S_D$ が 1.25 以上あれば I_s 値の値にかかわらず耐震性はあると判定できる。なお、既存鉄骨造建築物の場合、式(2.2)の代わりに式(2.2-2)を使用するが、式(2.2)の 0.3 の代わりに、鉄骨造の保有水平耐力計算における構造特性係数 D_s の FA 部材に相当する 0.25 を最低限の値として採用している。

　既存建築物の耐震性能は、次の過程を経て実施する。

$$\boxed{耐震診断} \rightarrow \boxed{耐震補強計画} \rightarrow \boxed{耐震補強工事}$$

　耐震診断で当該建築物の耐震性能が式(2.1)と式(2.2)より判定され、耐震性能が不足する場合は以下の事項を改善して、式(2.1)と式(2.2)を満足するように耐震補強計画を作成する。

① 靭性の確保 F → スリット鉄板巻き・カーボン巻き
② 強度の確保 C → 耐震壁・袖壁鉄骨ブレース
③ 形状指標の改善 S_D → 偏心の解消・上下層の剛性比の改善
④ 2次部材 → 天井の落下・吊物の落下・外壁の落下

耐震補強工事は耐震補強計画に従って実施する。なお、耐震診断は建築物に対する耐震性能の評価であり、室内家具の転倒等は検討外であるので、建物所有者または使用者は、大型家具等の転倒に対する対策を自己の責任で実施する必要がある。

2.7　長周期地震動による高層ビルの大きな横揺れ

　長周期地震動は、1968 年十勝沖地震(M7.9)で八戸港強震記録が 2.5 秒の長周期の卓越した揺れを観測したことから注目された。2003 年十勝沖地震(M8.0)では、震源から 250km 離れた石油タンクが長周期地震動と共振して大火災が発生した。1964 年新潟地震での昭和石油新潟製油所でのタンク火災は、当初は液状化により発生したと考えられていたが、長周期地震動が原因である。2011 年に発生した東北地方太平洋沖地震では、全国各地の超高層ビルに大きな横揺れが発生した。中でも大阪府咲洲庁舎では、震度 3

程度であるが、最上階で 3m の揺れが 10 分程度の長い時間揺れ続け、建物被害が発生した。

地震動を受ける構造物の動的応答は、構造物の固有周期が長くなれば、速度および加速度の応答が小さくなることが知られている。超高層ビルはこの特性を利用して、長周期の固有振動を持つことにより地震による応答を少なくするように設計されている。しかし、長周期地震動は超高層ビルの固有振動と共振する長周期の地震動波を多く含むことから、共振現象を生じて大きな横揺れを発生させるので問題は深刻である。

大都市の平野は、盆地形状をした強固な岩盤上に堆積層が厚く堆積する地質構造を持つことから、地震動により生じた表面波が盆地縁では反射し、伝播と反射を繰り返して大きな揺れが減衰することなく長時間継続することになる。この堆積層の地盤の固有周期は長いので、この固有周期と共振する地震の表面波が長周期地震動となり長時間継続する。この現象は、長周期特性を持つ超高層ビルにとっては脅威である。

超高層ビルの耐震設計はレベル 1 とレベル 2 に分けられる。レベル 1 は耐用年限中に数度は遭遇する程度の地震(中小地震)であり、ベースシア係数 C_0=0.2 とする。一方、レベル 2 は耐用年限中に一度遭遇するかしないかの地震(大地震)であり、ベースシア係数 C_0=1.0 とする。ここにベースシア係数は、建築物の 1 階部分に作用する水平力が建築物の全重量に対してどの程度の大きさで作用するかの比である。C_0=0.2 は、建物全重量の 20% の水平力が作用することになる。建築物が振動することにより、建築物に作用する水平力の高さ方向の分布は、ベース(1 階部分)よりも大きくなる。

超高層ビルで一般に用いられている設計クライテリアは、以下のようである。

- レベル 1 に対して
  最大層間変形角は 1/200 以下
  最大応答層せん断力は 1 次設計用層せん断力以下
- レベル 2 に対して
  最大層間変形角は 1/100 以下
  最大応答層せん断力は保有水平耐力以下

長周期地震動として、東日本大震災で発生した地震動を、新宿および浦安で観測した加速度波形を用いて検討する。これらの波形と超高層ビルの設計でよく用いるエルセントロ1940 NS成分波を速度50kine(cm/s)に基準化した波、および、兵庫県南部地震で観測された神戸海洋気象台のNS成分波を図2-45に示す。また、最大加速度、最大速度を表2-5に示す。

(1) エルセントロ 1940 NS 50

(2) 神戸海洋気象台 NS

(3) 新宿 NS

(4) 浦安 NS

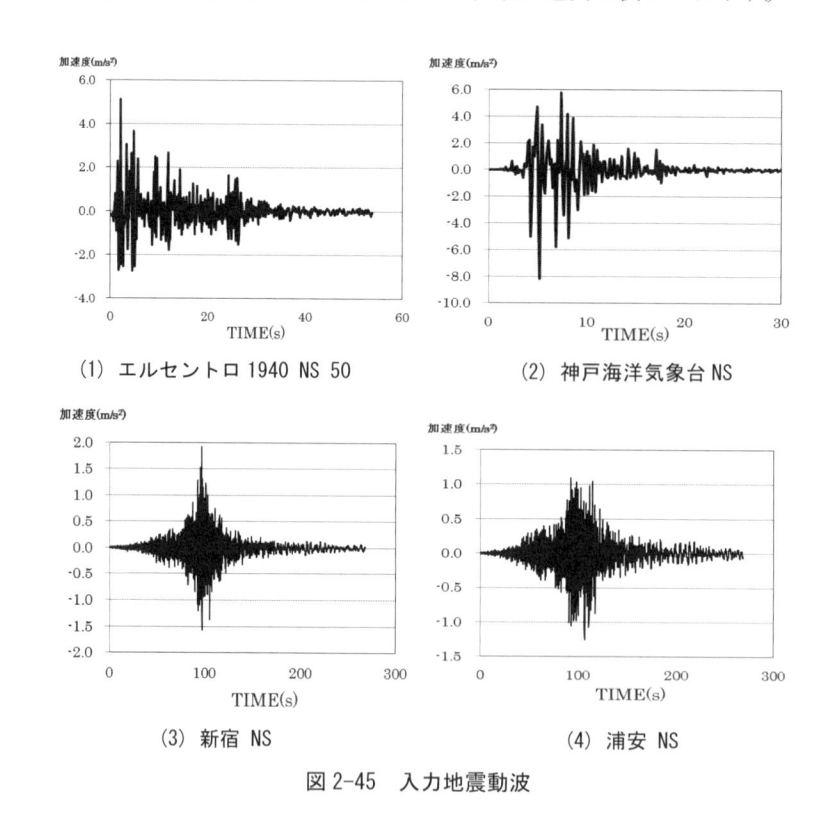

図2-45　入力地震動波

表2-5　各種地震動波の比較

入力地震波	最大加速度(gal)	発生時刻(s)	最大速度(kine)
①エルセントロ 1940 NS 50	510.76	2.12	50.00
②神戸-NS	818.02	5.54	96.50
③新宿-NS	192.44	102.73	25.25
④浦安-NS	125.15	113.44	31.66

2.7 長周期地震動による高層ビルの大きな横揺れ

地震動波の継続時間が長周期地震動波では通常の地震動波に比べて6倍以上である。そのため、振動台での長周期地震動の再現は、新しい振動台以外、メモリーが不足することから、波形の前後をカットしなければならない等の支障が発生する場合がある。**図 2-46** は、数値計算に用いた30階建のフレーム形式の超高層ビルの軸組図および伏図である。スパンはすべて6mで、梁間方向および桁行方向のいずれも6スパンからなる。階高はすべて4mとし、骨組の重量を含めた床荷重は12kN/m^{2}とする。減衰定数は0.2とする。**表 2-6** に構造部材を示す。建物の固有周期は1次が3.88秒、2次が1.28秒、3次が0.75秒である。

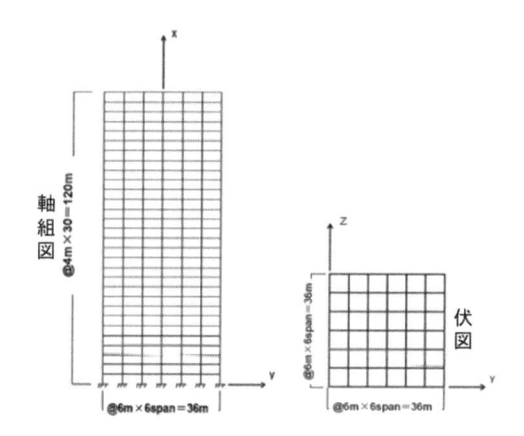

図 2-46 30階建フレーム形式超高層ビルの計算モデルの軸組図と伏図

表 2-6 構造部材断面

階	柱断面（BCP325）	階	梁断面（SN490B）
21〜30	□−800×800×16	11〜30	H−588×300×12×20
11〜20	□−800×800×19		
1〜10	□−800×800×25	1〜10	H−700×300×13×24

※断面2次モーメントは床剛性を考慮し、φ=2とする。

表 2-5 の地震動波を受けた際の各階で発生する応答値の最大値をプロットすると、最大応答水平変位、最大応答絶対加速度、最大応力層せん断力、最大応答転倒モーメントの高さ方向の分布は、**図 2-47** となる。長周期地震動成分を含む新宿および浦安波は大きな応答を示す。

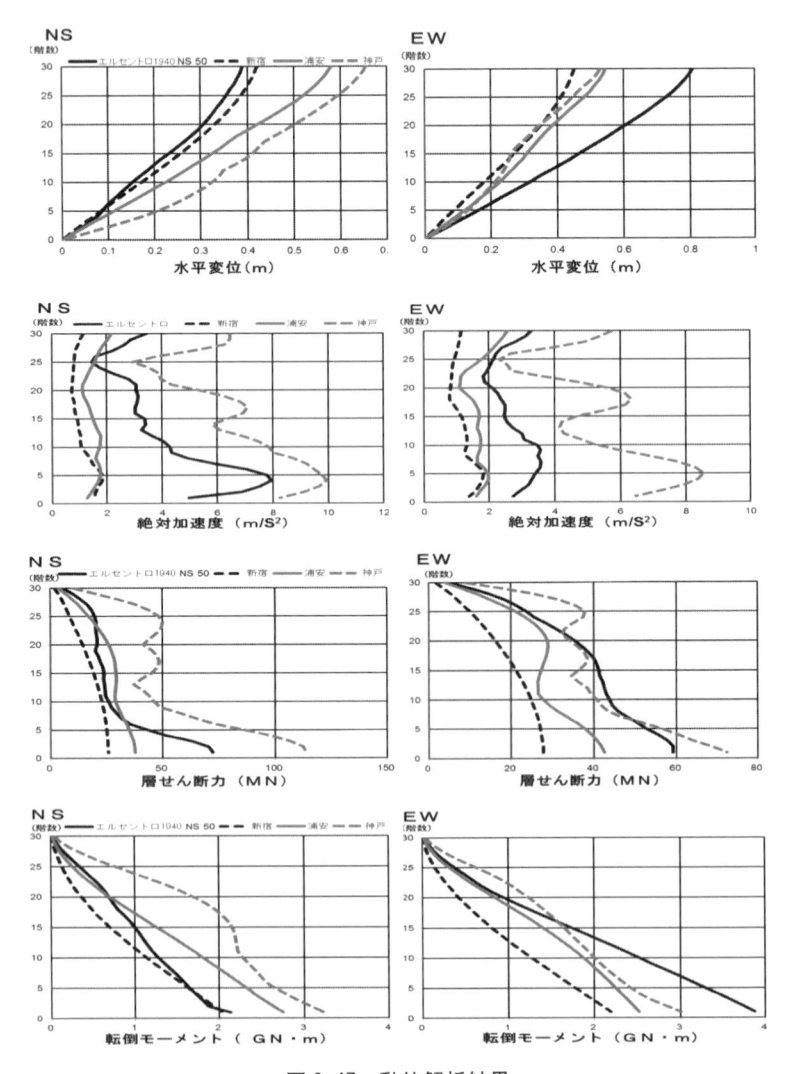

図 2-47　動的解析結果

2.7 長周期地震動による高層ビルの大きな横揺れ

　長周期地震動を受ける 30 階建の超高層ビルに対する数値計算結果から得られた応答性状は、地震動波の初期段階では中間階の変位が卓越するいわゆる 2 次モードの動きを呈している。超高層ビルの構造形式が鉄筋コンクリート構造の場合には、中間層の被りコンクリート等が損傷すると考えられる。地震動波が作用し終えた段階から横変位の応答値は、最上階に行くほど大きくなるいわゆる 1 次モードの形状をして、大きな横揺れが長時間続く傾向を示した。この大きな横揺れにより天井仕上げ材の落下、室内家具等の移動と損傷を発生させるとともに、建物利用者に大きな不安を長時間にわたり与えたことが検証できた。

　長周期地震動に対する既存の超高層ビルの水平変位を小さくするには、ブレース等を配置して水平剛性を高めればよいが、構造物の剛性が増加するので応答加速度が大きくなり、層せん断力および転倒モーメントが増大して、当初の設計クライテリアを満足できなくなる。逆に、構造物の剛性を弱めれば、水平変位は増大するが、応答速度、層せん断力、転倒モーメントは小さくなる。超高層ビルには多くの種類の地震動波が作用することから、特定の地震動波にのみ有効な方法は意味がない。要は、超高層ビルを揺れさせながら、減衰によりエネルギーを消費することが最適である。

　既存超高層ビルという制約条件の下で、有効な耐震改修法としては以下の方法が考えられている。第 1 の方法は、高減衰のダンパー等を設置して減衰を増加させる方法である。上階で受けた地震力は下階に流れることから、ダンパー等の設置は連層形式が主になるが、使用上の制約から設置場所が限定されることが問題である。また、ダンパーも高額であることから、耐震改修費用も膨大となる。第 2 の方法は、屋上等に制振装置を設置して振動を抑える方法である。この場合の制振装置の重さは、建築物の全体重量の 1/100 程度が有効と言われているが、かなりの重量となる。このように大きな重りを屋上等に増設することは、梁および柱に負担がかかり、架構の耐震補強も必要になる。

　1 質点系の固有周期 T は、

$$T = 2\pi\sqrt{\frac{m}{K}}$$

で表される。ここに、$m=$制振装置の振子の質量(kg)、$K=$制振装置の剛性(N/m)である。

　制振装置は建築物との共振を狙っていることから、制振装置の固有周期Tは超高層ビルの固有周期と一致させる必要がある。固有周期Tを大きくするには、質量mを大きくするか、剛性Kを小さくするかである。剛性Kは、一般に制振装置の振子の腕の長さの3乗に逆比例するので、剛性Kを小さくするには、振子の腕の長さを長くしなければならない。この場合、長い腕をどのように収納させるかが大きな問題となる。振り子式に似た形式として、チェーンを垂らした制振装置も考えられている。一方、制振装置の振子の質量mが大きいことから、既存の最上階、またそれに接続する数階の重量を振子の重りに使用する案も有効であるが、既存超高層ビルに対する耐震改修は極めて大規模になる。第1法および第2法を有効に組み合わせて、合理的な耐震改修を実施することは、構造設計者に課せられた新たな課題となっている。

2.8　巨大津波

図 2-48　釜石港湾口防波堤倒壊[31]　　図 2-49　釜石港湾口防波堤[31]

東日本大震災で発生した巨大津波の猛威は、**図 2-48** に示すように、釜石港湾口防波堤を倒壊させた。**図 2-49** は釜石港湾口防波堤の配置であり、**図 2-50** は平面図および縦断面図である。

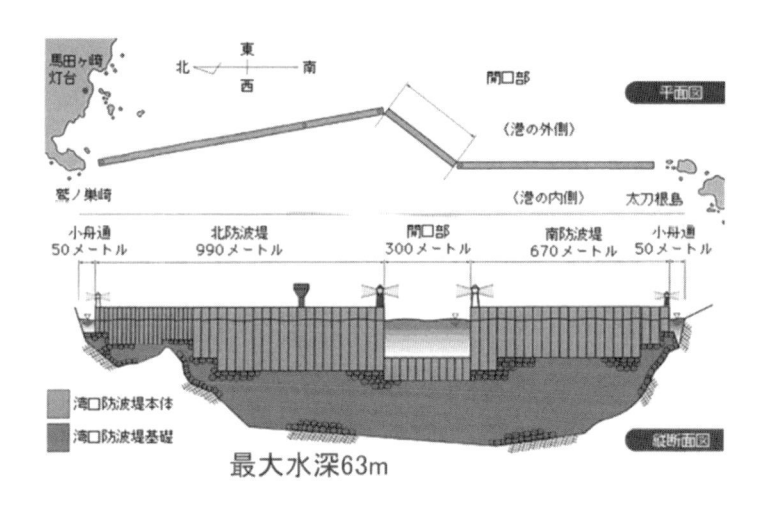

図 2-50　釜石港湾口防波堤の平面図および縦断面図[31]

　津波の速度 C は、近似的に $C=\sqrt{gh}$ で表される。ここに、g＝重力加速度(m/s^2)、h＝海水深さ(m)である。海水が深いほど津波の伝播速度は速くなる。例えば、深さ 1,000m の場合、津波の速度 C＝99m/s＝356km/h となり、新幹線の「はやぶさ」よりも早い。津波は波長の長い長波であり、減衰が少なく、沿岸部では水深が浅くなることにより、津波の伝播速度が遅くなり、後方から来た津波が重なってくるので波高が増幅する(**図 2-51**)。

　津波観測点は全国 223 カ所(平成 25 年 7 月現在)に設置されている。津波等の潮位を測定するため、日本の海岸近くには、2011 年現在、**図 2-52** に示すように GPS 波浪計が設置されている。GPS 波浪計は、海底に係留された定点位置から海水面上に浮かぶブイの位置を衛星に通信して、海水面の位置情報を定められた時刻ごとに送信する装置であり、津波被害の多い太平洋側を中心に、一部は日本海側にも設置されている。

98　第2章　近年の大災害と教訓

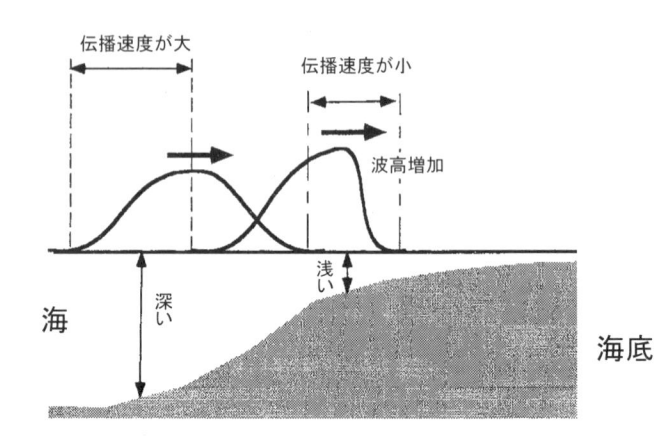

図 2-51　水深の低下による波高の増幅

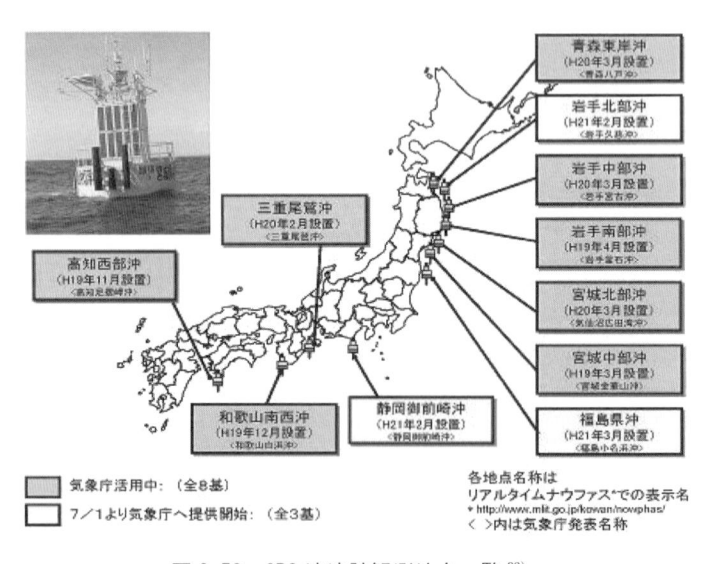

図 2-52　GPS 波浪計観測地点一覧[32]

　東日本大震災での巨大津波の潮位は GPS 波浪計で観測された。図 2-53 は、岩手南部沖に設置された GPS 波浪計が計測した時刻歴の津波高さである。測定時間間隔は 5 秒であり、最大波高は 6.67m である。一方、岩手南

部沖 GPS 波浪計よりも沖合 76km（水深 1,618m）と 47km（水深 101m）に海底水圧計 TM1 と TM2 が東京大学地震研究所により設置されている。この海底水圧計の測定時間間隔は 0.1 秒である。

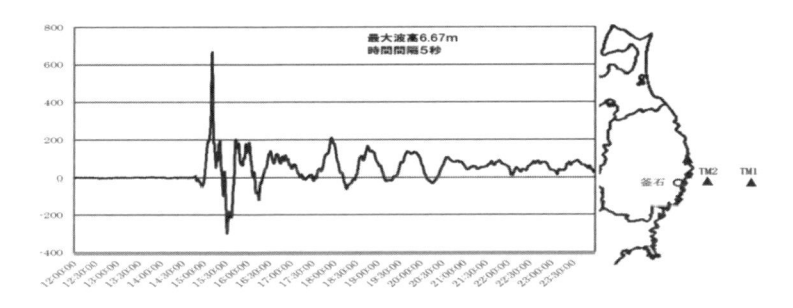

図 2-53　GPS 波浪計による岩手南部沖波高

図 2-54 は、海底水圧計 TM1、TM2 で測定された時刻歴の波高である。海底の隆起により発生した波高は、TM1 では隆起 30.0m と沈下 32.9m に達している。一方、TM2 では隆起 13.5m と沈下 9.0m である。これらの海面変動は高周波で一瞬であり、ノイズを含んでいると思われるので、フィルタリングが必要であるが、水面変動が主であり海面を伝播している。これらの性質を詳細に解明すれば、海底の隆起のエネルギーが解明されると考えられる。

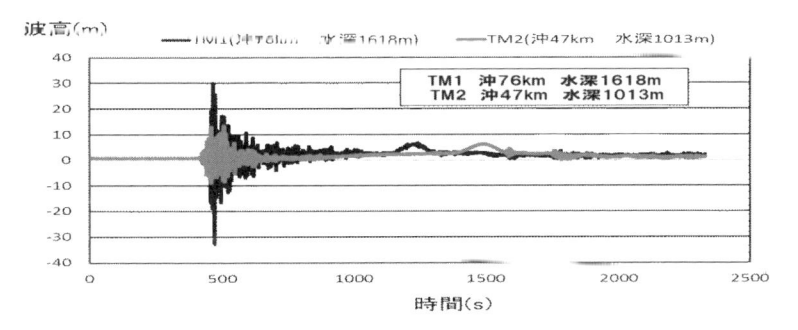

図 2-54　TM1 と TM2 の時刻歴波高

これに対して、津波の実態波は少し遅れて大きな海面隆起を伴って海岸に伝播してくる。図 2-55 は、津波の実態波について海底水圧計 TM1、TM2 と GPS 波浪計でのピーク値を比較している。

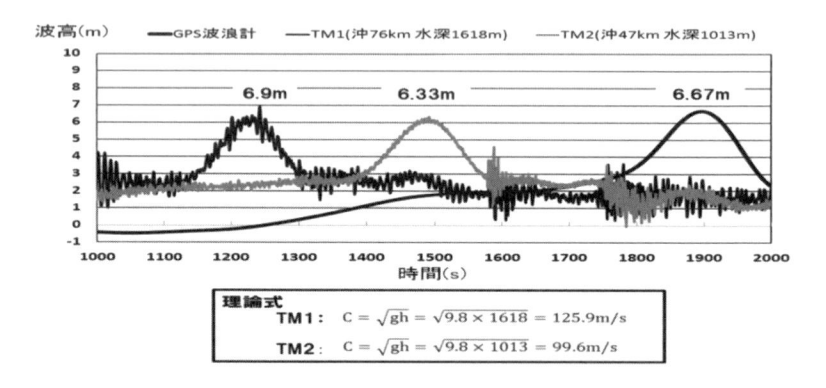

図 2-55　GPS 波浪計と海底水圧計の関係

津波の波形はほぼ同じであり、海溝面で発生した海底地盤の跳び上りにより発生した津波が、ほぼ同じ形状をして伝播していくのがわかる。津波の伝播速度 C は、近似式で得られた値と実際の観測値とはほぼ等しいことがわかる。

東日本大震災で発生した巨大津波の挙動を調べるため、図 2-56 の解析モデルに、岩手南部沖 GPS 波浪計で観測した津波波高の伝播を考える。図中、A 端は GPS 波浪計位置であり、A 点に GPS 波浪計で観測された海面変動を入力する。B 端は防潮堤位置であり、防潮堤は 15m の高さと仮定し、平均海水面下は 5m である。図 2-56 は実際の海水深と同じように設定しているが、防潮堤と陸地の傾斜は実際とは異なる。

図 2-53 の 3 月 11 日の 14 時から 23 時 59 分 55 秒までの継続時間 35,995s を考慮するため、フーリエ級数展開を用いる。フーリエ係数は 276 項まで考慮すれば原波と良好な一致を示すことができる。図 2-57 は、計算に用いた陽解法の Dytran で使用した Euler 要素を示す。要素分割数は、x 方向（水平方向）2,586 分割、z 方向（垂直方向）139 分割とする。A 端での水深は 204m

であるから、津波の速度 $C=\sqrt{9.8\times 204}=44.7\mathrm{m/s}$ である。A 点から B 点までの到達時間は、この速度に対して 246s となる。

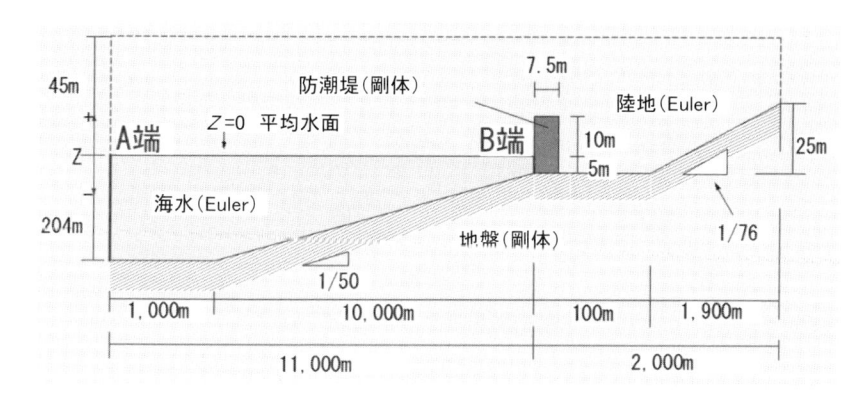

図 2-56 解析モデル

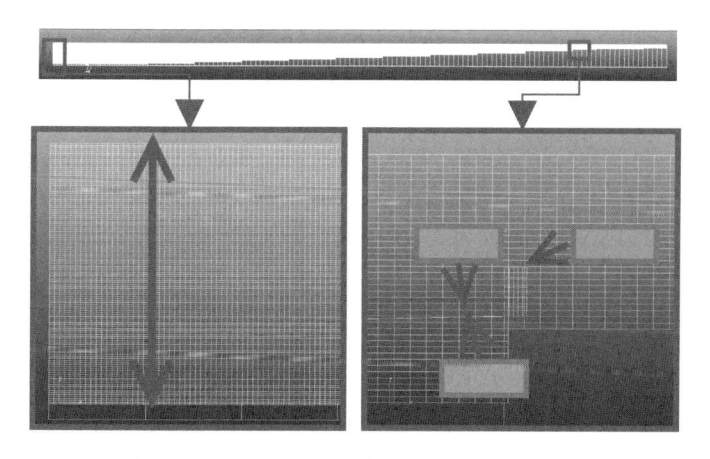

図 2-57 2D モデル：地盤・防潮堤・Euler 要素

図 2-58 は、防潮堤前面の海水面の変化を時刻歴で示す。平均水面は縦軸の 0 の位置であり、巨大津波が来襲する時刻から 420 秒までは引潮が発生している。400 秒から波高は上昇し、大きな波が 2 回あり、最大波高は平均水面から 1 波目は 15.3m、2 波目は 19.5m である。防潮堤高さが静水面

から 10m であるため、津波は防潮堤を超えている。2,610 秒から徐々に波は小さくなり、3,300 秒から引き波が発生している。津波の遡上高さは防潮堤基礎面より 15m である。

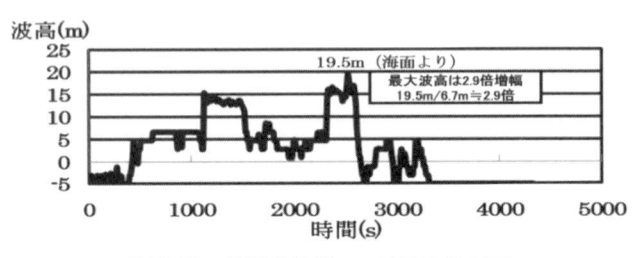

図 2-58　防潮堤位置での波高の時刻歴

図 2-59～図 2-61 は、津波が防潮堤を超える状況を Patran 出力により示している。図 2-59 は計測開始時の波高である。図 2-60 は 1,130 秒のときの波高であり、第 1 波目の津波が作用した状態である。波高は平均水面より 15.3m の高さとなり、防潮堤を超える巨大な波が発生している。図 2-61 は、2,520 秒での第 2 波目の波高で、1 波目より 4.2m 高い 19.5m の波が発生している。

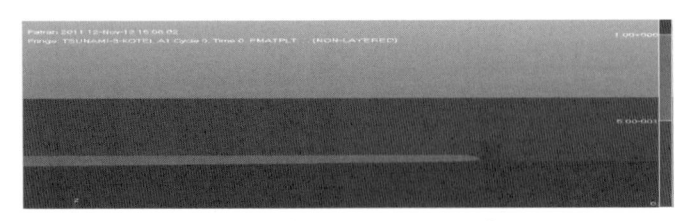

図 2-59　初期状態 (0 秒) の波高

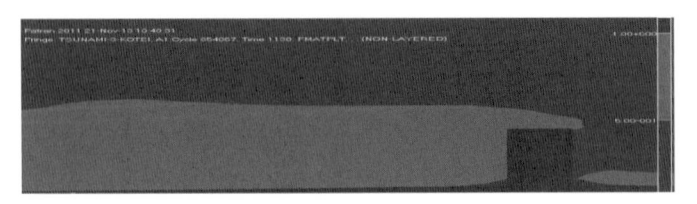

図 2-60　1,130 秒後の波高

2.8 巨大津波　103

図 2-61　2,520 秒後の波高

図 2-62 に、防潮堤の最下部に作用する圧力を時刻歴で示す。最大圧力は 2,524 秒の 246kN/m² であり、2 波目が 2,520 秒に到達しているので、圧力と波高は同じ時間帯に最大値に達している。この最大圧力が発生した時刻での防潮堤前面に発生している圧力分布は、図 2-63 に示すように、ほぼ線形分布をしている。

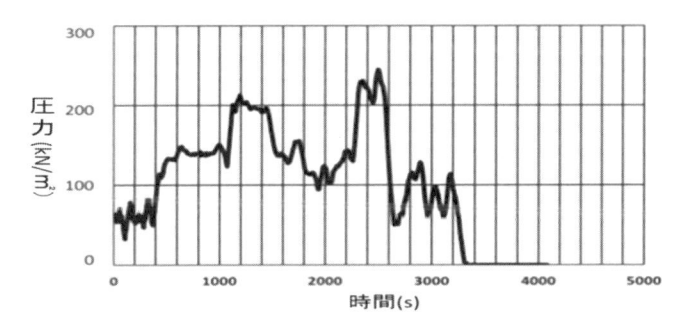

図 2-62　防潮堤最下部に作用する圧力の時刻歴

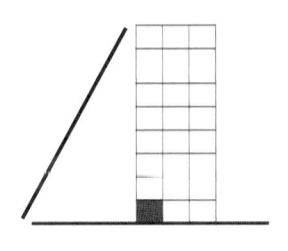

図 2-63　最大圧力分布

図 2-64 に、防潮堤を超えた津波が防潮堤の背面を洗掘する洗掘速度を示す。

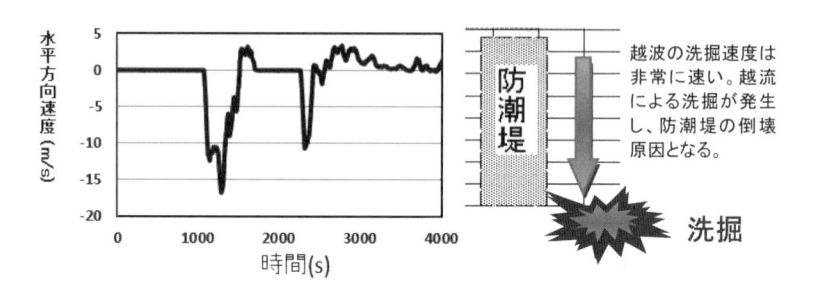

図 2-64　洗掘速度

洗掘速度は 1,800 秒から急激に変化し、最大速度（垂直方向速度）は 16.8m/s となる。防潮堤の背面の基礎が洗掘に対して安全なようにコンクリート等で十分な保護対策を実施していなければ、防潮堤の基礎の背面が掘られて防潮堤は転倒する。

防潮堤に作用する最大動波圧 P_{max} は、既往理論によると図 2-65 のように、

$$P_{max} = \alpha \cdot \rho \cdot g\, a_1$$

で与えられる。ここに、g：重力加速度［m/s²］、ρ：海水の単位体積質量［kg/m³］、a_1：構造物前面での波高（静水面より上）、α：谷本理論では 2.2、池野・朝倉理論では 3.0 とする。

津波高さ a_1=19.5m に対する最大動圧力 P_{max} を求め、数値計算で求められた最大動圧力と既往理論との比を求めると、表 2-7 に示すように 2 倍以上の安全性がある。算定式における係数 α は谷本および池野・朝倉により提案されている係数を用いる。したがって、巨大津波の最大波高の想定値が実状を反映した高さであれば、既往理論を用いて安全な防潮堤を構築できることがわかる。

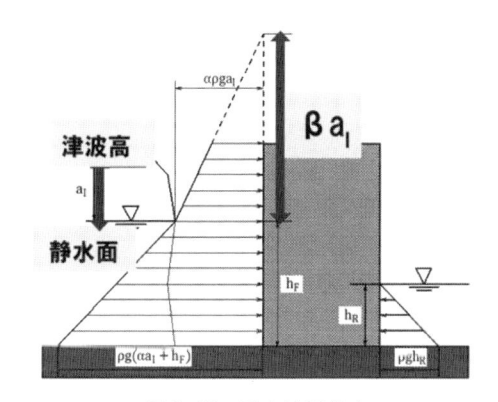

図 2-65　最大波圧分布

表 2-7　最大動波圧の比較（既往理論/DYTRAN）

	谷本	池野、朝倉
固定（1以上で安全）	2.13	2.90

　津波防災対策の恒久対策としては、津波から逃れるか、津波の波力に勝る構築物を造るかのいずれかである。前者は、高地（高台）移転であり、後者は、津波防潮堤、津波防波堤、湾口防波堤、河口水門等の強度を増加させることになる。一方、恒久的対策には時間と財政的支援が必要であり、一朝一夕には完成しない。そこで応急対策としては、人命を第1に考え、津波から一刻も早く逃げることである。そのためには、津波警報、避難システム、救助救命活動について、命を守る立場から有効な手段を見つけることが大切である。

　東日本大震災で津波が遡上した場所を示す「教え石」が各地で設置されている。同様な石は、津波が来襲するとこの地点まで津波が来ることを後世の人々に伝えるために設置されている。津波に対する防災訓練に際しては、どこまで逃げなければならないかを示す道標として代々活用することが大切である。先人が残した「教え石」は、各地で遺跡として風化している場合があるが、誰でもがその意味をよく理解できるような仕組みも必要となる。

2.9 防災対策のセレモニー化

　大災害が発生すると、国、地方自治体の首長が会見をし、方向性を決定することになっている。トップの会見は、現状の分析と今後の対応について方向性を明示し、組織を機動させる大きな力になることは否定できない。しかし、防災計画が検討され防災対策が整備されても、それを動かすのは人である。特に地方自治体では、首長の判断がなければ事前に検討していたシステムが稼働しない体制にあることが問題である。

　2013年10月に伊豆大島で発生した局地的集中豪雨による土砂災害等は、このよい例である。気象庁からの特別警報の発表がなく、大島町役場からの避難指示や避難勧告が出されていなかったため、大島町では37名の死者（2014年1月15日：消防庁）が出た。

　国および自治体の首長は防災の専門家ではない。災害発生時に首長が陣頭指揮して、首長としての指導性を発揮している姿が映像として流れるが、その姿勢は当該災害に対する組織的対応ができていることを住民に送るメッセージと理解すべきである。

　大災害発生時に対する防災対策は初動体制が大切であるから、首長の判断を仰ぐことなく、あらかじめ作成された防災計画を基準にし、防災担当部署が災害スケールに先手先手で対応した防災対策を事務的に粛々と自治体を代表して迅速に進めるべきである。特に大災害の場合、対策が後手後手になり、当初の対策の甘さを是正するために対策規模が大きくなるのがほとんどである。巨大災害が発生し、その状況を把握・予想して、事前に決めておいた防災対策を、首長の判断を仰がずにシステム的（事務的）に実施できるようにすべきである。首長の判断をその都度仰ぐシステムでは、それを説明する根拠等を準備する時間が必要となり、初動体制が遅々として進まない。

　発災または発災の恐れがある場合、都道府県および市町村は災害対策本部を設置し、その本部長はそれぞれの首長である知事および市町村長である。この際、本部長が不在または出席が遅れる場合は事前に決定されている副本部長が代行し、災害対策本部を設置して迅速な対応をすることが肝

要である。また、発災時での第1回の災害対策本部の会議で決定した事項は、会議終了を待たずに随時実施していく対応を取るべきである。自治体によっては首長の権限が強く、すべての事項を実施する際に首長の判断を仰ぐ傾向があり、一刻を争う災害対策本部の設置に首長の到着を延々と待ち続けて初動体制の遅れが生じ、そのため多くの助かる命が失われたことがある。防災対策では、このような事態は避けねばならない。巨大災害は一人の能力では防災を克服できない。全員の力を合わせたシステムとしての対応が不可欠であることを、自治体および国の防災関係者は認識しなければならない。

　大災害時における首長の役割は、組織の活動を鼓舞し、防災対策が当初の計画通り進展しないときに巨大災害に対応した財政的支援、外部に対する救援依頼等を獲得するための次のステップを検討すべきである。

　南海トラフ巨大地震は超大規模かつ超広域的な災害であるので、阪神・淡路大震災、東日本大震災で経験し、それを教訓として作成された避難所運営は最悪シナリオを検討すべきと考えられる。その理由は、被災者が大量に発生し、被災した人に加えて、帰宅困難者の参入により、指定避難所および指定緊急避難場所に入所できない状態が発生すると考えられる。その際、新たに設置した指定避難所および指定緊急避難場所を確保できるのか、それを運営する体制は十分に検討されているのか等について、当該自治体では対処できない場合が考えられる。特に、激甚的な被災地では指定避難所および指定緊急避難場所を確保することができないので、「災害対策基本法」での「広域一時滞在」(同一都道府県内の他の市町村に一時的な滞在)および「都道府県外広域一時滞在」(他の都道府県の区域に一時的な滞在)が迅速に行われる必要がある。

2.10 被災地の安全確保

大災害発生時は、警察署が被災して十分な活動ができない状況に加えて、道路、通信等が不通状態であるから、警察活動に機動力が発揮できず一時無法状態になる。このような状況を狙って盗人が被災地に多数入り込み、被災した家屋から金品を盗み出す行為が行われている。婦女子に対するレイプ行為も横行し、九死に一生を得た被災者を二重三重に苦しめる事態が発生している。

一方、避難所では、罹災レベルの異なる被災者が同居する状態が長期間にわたると、避難所での暴力行為や婦女子に対する犯罪行為が発生し、安全な避難所を維持するために、警備員、自衛団、警察官等が常駐して避難所の安全対策を強化しなければならない事態となっている。避難所で安心して暮らすことができない状態が長い間続けば、一部の不法行為者が増長し、避難所の雰囲気が険悪な状態となり、罹災者の心をさらに暗くして復興への力をなくすこととなる。

大災害が発生して急場の食料品に事欠く状況下にあっても、日本人は列を乱すことなく整然と順番を待って救援物資を受け取っている映像が広く国内外に紹介されているが、警察機能が極度に低下した被災状況下では、一部ではあるが実際に多くの犯罪行為が横行し、罹災者の安全および財産を脅かす状況が発生している。被災地に来る人々の中には、救援・支援のためのボランティアの人ばかりでなく、被災地の混乱した状況を狙って不法行為を目的に来る者がいることを認識しなければならない。一部の不法者は、被災した人々に加えて、救援・支援のボランティアに対しても危害を加える状況であることに留意しなければならない。

太平洋戦争で米軍による本土空襲が激しくなると、学童疎開が実施され、小学生が親元を離れて空襲のない安全な田舎に集団疎開した。しかし、そこで女子児童に対する集団レイプ事件も発生していたことは一部にしか報道されていない。関東大震災、阪神・淡路大震災、および東日本大震災でも、被災地の治安が低下した状況下での、被災者およびボランティアに対する被災地および多数の人々が寝起きする避難所での治安・防犯対策を真

剣に検討すべき問題が発生している。特に、人間関係が希薄である今日の社会状況下では、大災害時における極めて長期間の困窮・困却の中での集団生活に人間らしく耐えることは厳しい状況である。加えて、集団生活における一部の不心得者に対しては、自治体の職員では対応できない面もあり、避難所への警察官の常駐等で対応すべきである。

避難所を支えているのは避難所を利用している全員の力であることを認識し、その運営に避難所を利用している罹災者が参加して責任を持たせることも大切である。この問題に対する提言は後述する。

参考文献

1) 中日新聞ホームページ：「襲う旋風」9割は焼死　関東大震災(2012年11月9日)
2) 吉村昭：関東大震災、文藝春秋、2004年
3) 内閣府：中央防災会議　災害教訓の継承に関する専門調査会、1923年　関東大震災
4) 朝日新聞デジタルホームページ(2012年10月7日)
5) 日本建築学会・土木学会編：1995年　阪神・淡路大震災スライド集、丸善
6) 髙畠秀雄、中川佳久、中野信教：各種動的解析法における応答性状の相関性、日本建築学会「(続)兵庫県南部地震における構造物の衝撃的破壊に関するシンポジウム」pp.1-13、2000年1月14日
7) 21世紀ひょうご創造協会：阪神・淡路大震災復興誌　第1巻、"その時。全記録、1995年1月17日から1996年3月31日までの出来事"、pp.11-14、1997年3月
8) 横浜市ホームページ：液状化マップ
9) 国土交通省関東地方整備局及び地盤工学会：「東北地方太平洋沖地震による関東地方の地盤液状化現象の実体解明」
10) 岩崎敏男、龍岡文夫、常田賢一、安田進：「地震時地盤液状化の程度の予測について」土と基礎、Vol.28 (4)、pp.23-29、1980年をもとに作成
11) 関東地質調査業協会、液状化研究会編：絵とき　地震による液状化とその対策、全国地質調査業協会連合会監修、オーム社、2013年をもとに作成
12) 日本建築学会、阪神・淡路大震災調査報告：建築編3、4-4 高層住宅、pp.142-161、1997年
13) H. Takabatake, T. Nonaka : "Numerical study of Ashiyahama residential building damage in the Kobe Earthquake", Earthquake Engineering and Structural Dynamics, Vol. 30 (6), pp.879-897, 2001.
14) H. Takabatake, T. Nonaka, T. Tanaki : "Numerical study of fracture propagating

through column and brace of Ashiyahama residential building in Kobe Earthquake", The Structural Design of Tall and Buildings, Vol. 14 (2), pp.91-105, 2005.
15) H. Takabatake, T. Nonaka : "Earthquake damage identification of steel mega structures", Tall Buildings : Design Advances for Construction, Edited by J. W. Bull, Saxe-Coburg Publications, Chapter 5, pp.115-141, 2014.
16) H. Takabatake, H. Mukai, T. Hirano : "Doubly symmetric tube structures: I: static analysis", Journal of Structural Engineering, ASCE, Vol. 119 (7), pp.1981-2001, 1993.
17) H. Takabatake, H. Mukai, T. Hirano : "Doubly symmetric tube structures: II: dynamic analysis", Journal of Structural Engineering, ASCE, Vol. 119 (7), pp.2002-2016, 1993.
18) H. Takabatake, R. Takesako, M. Kobayashi : "A simplified analysis of doubly symmetric tube structures", The Structural Design of Tall Buildings, Vol. 4 (2), pp.137-153, 1995.
19) H. Takabatake : "A simplified analysis of doubly symmetric tube structures by the finite difference method", The Structural Design of Tall Buildings, Vol. 5 (2), pp.111-128, 1996.
20) 髙畠秀雄：第6章　棒材理論による高層ビルの簡易解析法、日本建築学会応用力学シリーズ11、「最近の建築構造解析理論の基礎と応用」 pp.145-184、2004年
21) H. Takabatake, T. Satoh : "A simplified analysis and vibration control to super high-rise buildings", The Structural Design of Tall and Special Buildings, Vol. 15 (4), pp.363-390, 2006.
22) H. Takabatake : "Two-dimensional rod theory for approximate analysis of building structures", Earthquake and Structures, Vol. 1 (1), pp.1-19, 2010.
23) H. Takabatake, F. Ikarashi, M. Mastuoka : "A simplified analysis of super building structures with setback", Earthquake and Structurers, Vol. 2 (1), pp.43-46, 2011.
24) H. Takabatake : "A simplified analytical method for high-rise buildings", INTECH Advances in Vibration Engineering and Structural Dynamics, Chapter 10, pp.235-283, 2013.
25) 気象庁ホームページ：平成20年(2008)岩手・宮城内陸地震の特集
26) H. Takabatake, T. Nonaka, Y. Umeda : "Implication of thrown-out boulders for earthquake shaking", Journal of Earthquake Engineerings, Vol.12 (8), pp.1325-1343, 2008.
27) フリー百科事典「ウィキペディア(Wikipedia)」による「タコマナローズ橋」をもとに作成
28) 東京大学地震研究所ホームページ：2008年岩手・宮城内陸地震　―強震観測―
29) H. Takabatake, M. Matsuoka : "Origin of the anomalously large upward acceleration associated with the 2008 Iwate-Miyagi Nairiku earthquake", Earthquake and Structures, Vol.3 (5), pp.675-694, 2012.

30) 国土交通省住宅局建築指導課："既存鉄筋コンクリート造建築物の耐震診断基準　同解説"、財団法人日本建築防災協会、2001年
31) 国土交通省釜石港湾事務所ホームページ
32) 国土交通省ホームページ

第3章
南海トラフ巨大地震の脅威

3.1 南海トラフ巨大地震の脅威

　2012(平成24)年、内閣府中央防災会議より「南海トラフの巨大地震による津波高・浸水域等及び被害想定について」[1]が発表された。最悪シナリオは、死者32万3千人、被災地人口5,900万人、30都府県が被災し、太平洋側都市・地域が壊滅的被害を発生する超巨大災害である。巨大地震の震源である南海トラフが太平洋側の都市に近いことから、巨大地震発生後、極めて短い時間で巨大津波が来襲する。巨大津波の破壊力は、先の東日本大震災で見られたように脅威であり、都市を壊滅的に破壊する。本章では、何故、南海トラフ巨大地震が大きな脅威になっているかを明らかにする。
　プレート間の潜り込みにより生じる海溝の深さが6,000mを超える場合は海溝(トレンチ：trench)と呼び、それ以外の浅い場合は溝(トラフ：trough)と呼ぶ。巨大地震は海溝(trench)または溝(trough)で発生することは第1章で述べた。四国、近畿、東海地方は、フィリピンプレートが大陸プレートであるユーラシアプレートに潜り込む南海トラフと駿河トラフに直面している。両方のトラフは、これまで巨大地震を連動して発生させた経緯がある。いま、これらの海溝の地域を、①南海、②東南海、③東海の3地域に区分けした場合、過去に発生した巨大地震と発生地域は、**図 3-1**および**表 3-1**のようになる。

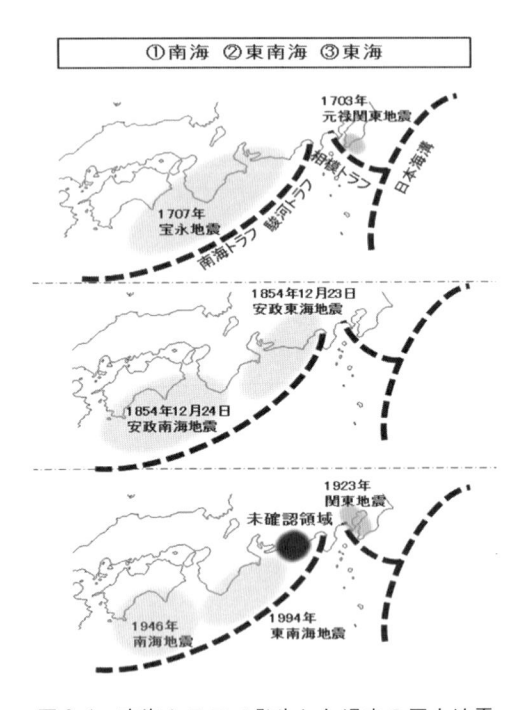

図 3-1 南海トラフで発生した過去の巨大地震

表 3-1 南海トラフで発生した巨大地震と発生間隔

巨大地震と発生年		発生地域	前地震との発生間隔
1605 年	慶長地震(M7.8)	①②③	
1707 年	宝永地震(M8.4) 富士山噴火	①②③	102 年間
1854 年	安政地震(M7.8) 安政東海地震(M8.4) 安政南海地震(M8.4)	①②③	147 年間
1944〜46 年	昭和の地震東 南海地震(M7.9) 南海地震(M8.0)	①②	90 年間
	現在(2013 年)	①②に対して 67 年間経過 ③に対して 137 年間経過	

1605年に発生した慶長地震以降120年程度の間隔で、巨大地震が①②③の地域に連動して繰り返し発生している。しかし、1944〜46年の昭和の地震では、①②の地域にのみ巨大地震が発生しているが、③の東海地方については発生していない。2013年の時点から計算すると、①と②の地域については昭和の地震以降67年間が経過しているが、③の東海地方にとっては、1854年安政地震以後137年間地震が発生していない。この長い期間は、これまで当該地域で発生を繰り返してきた期間に相当し、巨大地震の発生確率は極めて高くなっていると判断される。

図3-2は、内閣府中央防災会議が示す南海トラフ巨大地震の想定域である。これらの地域は、これまで100〜150年の周期で巨大地震が発生している。文部科学省地震調査研究推進本部による長期評価では、南海地方の地震は30年以内の発生確率が60％程度であり、東南海地方の地震は70〜80％とされている。

図3-2　南海トラフ巨大地震の想定域[1]

1945年の第2次世界大戦後、我が国は太平洋側都市に人口を集中させ、産業基盤を構築し、経済大国としての地位を築いてきた。しかし、この間に産業基盤を極度に揺るがす巨大地震が発生しなかった幸運に恵まれた。これらの産業基盤は脆弱な国土の上に構築されたものであり、巨大地震に備えた防災対策に立脚したものではない。地震により発生する力に十分耐

える構造物を設計すべきであるが、構造物の設計には経済的に構築できる限度に抑えた最低限の基準を施行している。幸い巨大地震が発生していない今の時期に、迫りくる巨大地震に対する防災対策を早急に実施することが必要不可欠である。南海トラフ巨大地震により、どのような被害が発生するかの最悪シナリオを把握し、それに対する有効な防災対策を考えることが急務の課題である。

3.2　南海トラフ巨大災害の最悪シナリオ

2012年、内閣府中央防災会議より「南海トラフの巨大地震による津波高・浸水域等及び被害想定について」の資料[1]に基づき、南海トラフ巨大災害の最悪シナリオを述べる。被害状況は南海トラフのどの部分で、どの時期に、何時に発生するかにより大きく変動する。死者が多い最悪のケースは、在宅中で就寝中であり、地震発生により火災が起き、さらに風の強い場合となる。

一方、地震の発生場所により建築物等の被害が大きく変動する。震源が海底近くに発生すれば、地震の強さも大きくなり、地表に大きな被害を発生するとともに、**図1-2**に示したように海面変動も大きいことから巨大津波も発生する。地震の規模は断層のある部分で大きくなるケースがあり、これをアスピリティーと呼ぶ。南海トラフ巨大地震では、「現時点の最新の科学的知見に基づき、発生し得る最大クラスの地震・津波を推計する」として、想定するシーン(時間帯)としては、**表3-2**に示すような3ケースを検討している。

表3-2　最悪シナリオの想定シーン(時間)

①	「冬の深夜」	多くの人が自宅で就寝中に被災し、家屋倒壊による人的被害が大きい。
②	「夏の昼」	木造建築物内の滞留人口が1日の中で少ない。
③	「冬の夕方」	火気が使用される時間帯で火災発生が多い。

発災後の被害を拡大する火災に対しては、「平均風速」と「風速の強いケース」の2ケースを設定している。「風速の強いケース」とは、風速8m/秒の風が吹くこととしている。上記の時間帯3ケースと風速の2ケースを組み合わせ、6ケースの場合について被害を推計している。そのほか、地震に対して強震動生成域を4ケース想定している。

　また、津波高は津波を発生させる断層モデルに依存することから、大すべり域、超大すべり域を持つ最大クラスの津波断層モデルを想定している。この断層モデルに基づいた検討ケースとしては、「基本的検討ケース」と「その他派生的な検討ケース」の2ケースを考える。「基本的検討ケース」としては、大すべり域および超大すべり域が1カ所の場合を考えて、計5ケースを検討する。一方、「その他派生的な検討ケース」としては、計6ケースを検討する。

　以上の11ケースについて、津波高とそれにより発生する浸水域等を推計している。

(1) 巨大地震による最大震度と被害

　最大震度別の市町村数は以下のようである。
- 震度6弱が想定される地域　　21府県、292市町村
- 震度6強が想定される地域　　21府県、239市町村
- 震度7が想定される地域　　　10県、151市町村

　各地の震度分布は、**図3-3**のように、南海トラフに面する太平洋側地域が震度6弱以上となっている。一般に震度と建物の被害の関係について、木造住宅を中心に述べると、概ね以下のようになる。
- 震度7　　木造建築物の全壊
- 震度6強　木造建築物の倒壊
- 震度6弱　木造建築物の傾斜・倒壊
- 震度5強　木造建築物の壁に亀裂

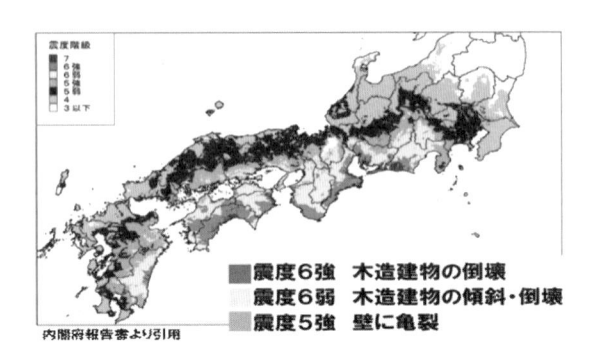

図 3-3　南海トラフ巨大地震の最大震度分布[1]

　太平洋側地方の木造住宅では、瓦の固定法として瓦の下地に土を葺く施工法が使用されているので、地震により建築物が振動すると、瓦が落下しやすく、また、木造下地が破損すると瓦下地の土が大量に落下する。阪神・淡路大震災では、木造住宅が損壊した際に瓦の下地の土により窒息死したケースが多々見られた。太平洋側の在来工法の木造住宅は、屋根は瓦であり重量も重い割に、積雪荷重を考慮しないので構造部材も細く、骨組の耐震性が高くはない。老朽化により構造耐力を喪失している場合は、震度6弱でも倒壊する危険性がある。既存の木造住宅の耐震改修はほとんど進んでいない現状であるから、南海トラフ巨大地震により太平洋側地方の木造住宅は居住が困難な状況になると考えられる。

表 3-3　南海トラフ巨大地震により発生する被害状況[1]

要因	全壊棟数	死者数	負傷者数
揺れ	135万棟	8万人	59万人
液状化	13万棟		
津波	15万棟	23万人	2万人
火災	19万棟	1万人	1万人
合計	182万棟	32万人	62万人

地震動：陸側ケース　　津波ケース　①冬深夜、風速8m/s、早朝避難率減

しかし、巨大地震による建築物の倒壊等による死者は、表 3-3 に示すように、8 万人程度であり、南海トラフ巨大地震により発生すると考えられている予想死者数 32 万 3 千人の中で占める割合は 24% 程度である。

(2) 巨大津波による最大津波高

巨大津波の最大津波高は、上述した 11 個のケースの中の最大値を示すと、表 3-4 となる。陸上遡上高さは、表で示された津波高さの約 1.5 倍に達する。津波は岬の先端、V 字形の湾の奥では波高が高くなることから、2〜4 倍になる地域もある。

表 3-4　最大津波高[1]

都道府県名	最大値(m)	都道府県名	最大値(m)	都道府県名	最大値(m)
茨城	6	兵庫	9	福岡	4
千葉	11	和歌山	20	長崎	4
東京(区部)	3	岡山	4	熊本	4
東京(島嶼部)	31	広島	4	大分	15
神奈川	10	山口	5	宮崎	17
静岡	33	徳島	24	鹿児島	13
愛知	22	香川	5	沖縄	5
三重	27	愛媛	21	—	—
大阪	5	高知	34	—	—

(3) 南海トラフ巨大地震の最悪シナリオ

最悪シナリオのケースとして、冬の深夜、風速 8m/s、避難が遅れたケースを想定した東海地方の被害が最大となった場合、図 3-4 に示すように、30 都府県で 32 万 3 千人の死者が発生する。静岡県のように海岸線が長い平坦な地域の都市では、多くの死者が発生する。

南海トラフ巨大地震による死者の多くは、表 3-3 に示したように巨大津波により 23 万人余の大多数を占めている。したがって、巨大津波に対する対策が防災対策の要となる。

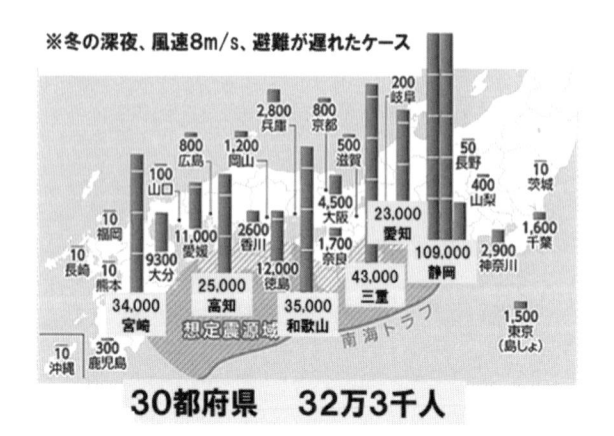

図 3-4　東海地方の被害が最大となった場合の死者数[2]

　都市インフラも、表 3-5 に示すように、9 割以上が復旧に長時間を要する。一方、道路、鉄道、港湾、空港も、表 3-6 に示すように、多くの被害が発生する。災害時に救援・支援の基地を担うべき空港は、内陸部に設置されている空港しか使用できない。近代的空港を湾岸に多く設置したが、巨大津波に対する対策が不十分であり、航空燃料等の貯蔵施設の防災対策が急がれる。

表 3-5　南海トラフ巨大地震の被害想定（第二報告）[3]

	被害想定	東海三県	近畿三県	山陽三県	四国	九州
上水道断水	3,440 万人	6〜8 割	4〜6 割	2〜5 割	7〜9 割	9 割
下水道不通	3,210 万人	9 割	9 割	3〜7 割	9 割	9 割
電力停電	2,710 万人	9 割	9 割	3〜7 割	9 割	9 割
通信通話支障	930 万回線	9 割	9 割	3〜6 割	9 割	9 割
ガス停止	180 万戸	2〜6 割	1 割	1 割	2〜9 割	3〜4 割

表 3-6 南海トラフ巨大地震によるインフラの被害状況[3]

	基本ケース	陸側ケース	防波堤被害
道路施設被害	3万カ所	4万カ所	—
鉄道施設被害	1.3万カ所	1.9万カ所	—
港湾被害	0.3万カ所	0.5万カ所	126～135km
空港浸水被害	中部国際空港・関西国際空港・高知空港・大分空港・宮崎空港		

　南海トラフ巨大災害で特に注目すべきは、避難者が950万人であり、我が国の人口の1割近い人が避難しなければならないことである。一方、帰宅困難者は中京都市圏で400万人、京阪神都市圏で660万人、合計1,060万人が帰宅できなくなり、最低3日間はどこかに避難する状態になる。

　東日本大震災では、首都圏で515万人が帰宅困難者となった。このときの状況は、地震の被害も極めて少なく、津波が来襲していないことから、道路も通行できる状態である。しかし、南海トラフ巨大災害では道路は巨大津波の侵入路であり、多くの障害物を運び込むとともに、通行は一切できない。このような厳しい状況では、帰宅困難者は長期間にわたり帰宅できない状態が続く。また、帰宅困難者は都市部中心の指定緊急避難場所に集中するが、多数の人を収容できる施設的余裕はなく、大パニックが発生する。帰宅困難者の中で、母子または父子家庭、両親が共稼ぎの家庭の場合、帰宅を待つ子供はさらに大きな被害を受けるので、保護する対策が必要となる。

表 3-7 南海トラフ巨大災害の被災状況[3]

避難者	950万人
帰宅困難者	中京都市圏400万人、京阪神都市圏660万人
食糧の不足量	3日間で3,200万食、7日間で9,600万食
飲料水の不足量	3日間で4,800万リットル
毛布の不足量	520万枚
医療機能支障	入院15万人、外来14万人
災害廃棄物	3億1,000万トン

さらに、食料および飲料水の不足は深刻であり、毛布、医療機材の不足等も表 3-7 に示すように膨大となる。超巨大災害が発生すると、その復興に際して、膨大な量の災害廃棄物の処理が問題となる。これらの災害廃棄物は、被災地の処理施設がすべて津波で壊滅している状況では、長期間放置されたままの状態となる。

(4) 経済的損失

南海トラフ巨大地震による経済的損失は、概ね以下のようである。
- 資産等の被害【被災地】　　　　98 兆円　〜　170 兆円
- 経済活動への影響【全国】　　　46 兆円　〜　 68 兆円
- 被災概算合計　　　　　　　　144 兆円　〜　238 兆円

現在、日本の国家予算は、90 兆円程度であり、税収は約 40 兆円程度、残りは国債からの借金である。今、被災概算合計が 238 兆円の場合、税収 40 兆円で賄うとすれば、6 年強はかかる。このような国難状態になると、国債の金利も上がると同時に、税収は完全に落ち込む。毎年 5 兆円程度で対応すると 50 年近くかかり、完全に日本沈没である。そのためには、南海トラフ巨大災害が発生する前に、有効な防災対策を実施し、被害を最小限にすることしか日本を救う道はない。それでは、具体的にどのような防災対策をすれば実効性があるのかを次節で述べる。

3.3　南海トラフ巨大地震に対する防災対策の考え方

南海トラフ巨大地震では、巨大地震による被害に加えて、地震発生後の短い時間で津波が都市に襲来し、都市部に隣接する沿岸に位置する石油コンビナート等が巨大津波を受けて油が流出し、それに引火することによる火災が時系列的に広範囲に発生すると考えられる。

東日本大震災では、全国民が津波の脅威を映像を通して実感し、自然の脅威に対抗できる防災対策の必要性を痛感した。東日本大震災以後、行政により実施された防災対策は、防災白書、国土交通省白書、消防白書等に見られるように、多くの検討課題に対する対策がある。これらの防災対策

が超巨大災害に対して有効に活用されるには、個々の防災対策が連携して機能的に活用されるシステムが必要である。そのためには、各省庁の垣根を越えて、全体を総括する人材および担当部局が不可欠である。さらに、これまでの防災対策は、過去の被害経験に基づいた改善および改良であり、今後発生する超巨大災害に対して有効な防災対策とは必ずしもなり得ない。

そのためには、超巨大災害が発生した際に生じる最悪シナリオを想定し、新しい発想の防災対策の構築が必要となる。それがどのようなものになるかは、極めて多くの国民がこれまで経験したことがない壊滅的な被害を受けること、それに対する救援・支援活動の規模は超巨大であり、長期間にわたる戦いになることから求まる。

このような混乱した状況が長期間継続する中で、国民の安全と復興を早期に担う政治の役割は極めて大きい。超巨大災害が発生しても、それらの災害状況がすべて想定内である危機管理が必要となる。つまり、国家が南海トラフ巨大災害の実状を把握し、それに対する対応策を十分掌握していることを、いち早く国内外に情報発信することが大切である。超巨大災害時における防災対策が想定外である場合は、正に、日本沈没を意味する。

超巨大災害の防災対策には、第1に、過去の大災害で指摘された個々の防災対策が連携して有効に活用できる統括システムに加えて、第2に、超巨大災害で発生すると考えられる新たな災害パターンを先取りした新しい発想の防災対策からなるべきである。特に、巨大津波の破壊力は脅威であり、太平洋側の人口密集地である都市を襲うことになる。過去の歴史的地震によると、巨大地震および巨大津波が現在の都市部にまで来襲し、被害を発生させたことが古文書に記載され、その確証が津波の痕跡として明らかにされてきている。

防災対策は、過去の災害等を考慮した最悪のシナリオを想定被害とし、それに対して有効な対策を目標とすることが大切である。東日本大震災以前は、最悪シナリオの決定に際して、そのシナリオに対する防災対策を実施する際の財政的負担から、最悪シナリオを過小評価してきた経緯がある。しかし、この考え方は改めるべきである。最悪シナリオは想定できる最大シナリオであり、それに要する防災対策の費用から決定されることではな

い。財政的問題は、想定された防災対策をいかに効率的に順次実施していくかであり、目標を設定し、早急に実施すべき事項から順次実施すればよい。

この際重要なことは、国民が当該防災対策の進捗状況を容易に把握できるシステムが必要となる。例えば、自宅の近くにある防潮堤は、最悪シナリオでは本来20mまで計画されているが、現在10mまで完成し、5年後には20mまでに増築される等である。住民が密接に関係する周辺の防災を担う社会資本施設が、どのような防災レベルにあるかを住民自身が理解しておくことが、大災害発生時の住民意識に大きく影響する。自助は、自分が置かれている地域の防災情報の把握なしに育つものでない。

3.4　南海トラフ巨大地震に対する防災対策の基本姿勢

内閣府中央防災会議は「南海トラフ巨大地震の被害想定について(第二次報告)」[4]および「南海トラフ巨大地震対策について(最終報告)」[4]を発表した。この発表は現時点の最新の科学的知見に基づき、発生し得る最大クラスの地震・津波を推計している。したがって、この最大クラスの地震・津波の発生確率は低いが、一度発生すると壊滅的被害が生じ、その対策を誤れば復興自体が不可能になる。死者32万3千人余り、被災地域人口約5,900万人、太平洋側の都市・地域が壊滅的被害を被る超巨大災害である。日本の基幹的な産業・行政・輸送基盤を失う事態となり、正に日本沈没が生じる。

この悲惨な事態を回避し、我が国が南海トラフ地震以後も持続可能な社会を維持するには以下の事項が必要である。

① 被災する太平洋側地方の災害を最小限にする防災対策の実施
② 被害が少ない日本海側地方による持続的な被災者に対する救援・支援活動
③ 我が国の国力回復と維持を担うことができるレベルでの日本海側地方による産業・経済活動の構築[5]~[7]

東日本大震災の教訓に基づき、防災白書等の各省庁の白書に見られるように、多くの防災対策が検討されている。これらの対策が超巨大災害に有効に作用するには、連携して効果を発揮する総合的対応が不可欠である。南海トラフ巨大地震による超巨大災害はこれまで経験した大災害を遥かに超える規模であるので、従来の大災害の教訓に基づく防災対策では不十分であり、超巨大災害の最悪シナリオを対象とした新しい発想に基づく防災対策が必要である。超巨大災害に有効な防災対策には、災害スケールに対応した「グランドデザイン」が不可欠である。防災対策の方向を示唆する「グランドデザイン」は、関連分野が極めて広範囲にわたることから、官学民が総合的に取り組む必要がある。

本書では、最悪のシナリオを想定し、そのグランドデザインの方向性を検討する。また、近年急成長している防災関連技術を積極的に取り入れた、開発志向型の防災対策を提案する。上記の考えに基づき、超巨大災害の発生を抑止するのに特に優れた実効性が期待できると考えられる防災対策を、以下の観点から検討する。

① 災害を防止・減災する太平洋側地方の防災対策　　⇒第4章
② 被災地を救援・支援する日本海側地方の防災対策　⇒第5章
③ 超巨大災害に強い産業基盤の再構築　　　　　　　⇒第6章
④ 活火山の噴火を想定した最悪シナリオに対する防災対策
　　⇒第6章

戦後、日本の大都市は大きな災害に遭遇することなく、脆弱性を内包して発展してきた。超巨大災害に対する防災対策は、これまで高度に発展した社会を見直す大きな転機である。その視点は、局所的な見地から全体的見地への変換である。都市機能のそれぞれの役割は重要であるが、それらが全体として機能する際に最も重要な機能は何かを明らかにし、本流から支流・枝葉に分かれた対策を時系列で検討すべきである。

一方、巨大災害が発生した際に、何をなすべきかを、順序立てて立案しておく必要がある。巨大災害で国家機能が一時的に喪失した際に、日本の立場をどのように世界に情報発信できるか、また、被災をどのように早期に復興できるかのビジョンを事前に立案しておくべきである。巨大災害が

発生すると、これまで存在していた大都市は完全に壊滅的状態になる。この零に等しい状態では、一刻も早く国民に復興の方針とビジョンを提示することが不可欠である。

　超巨大災害が発生すると、復興の妨げになる建築物等はすべて被災しているので、防災に強い都市の基本計画を実現できる最大のチャンスでもある。多くの死者の方々の無念を晴らすためにも、生き残った人々が安全で楽しく暮らせる都市を復興することは国の使命であり、打ちひしがれた国民に大きな希望を与えることになる。その計画と方針は、発災後できるだけ早く策定した方がよい。関東大震災では近代化に進みかけた首都が壊滅的に破壊された。人々を勇気づけたのは、当時内務大臣兼、帝都復興院総裁の後藤新平であった。復興計画は最初は大きくし、徐々に縮小するのが常道であり、これが逆であると復興は少しも進まない。南海トラフ超巨大災害が発生した際に、その後の大都市の復興計画を事前に考えておくことも必要である。

　東日本大震災では、被災した人々を勇気づけたのは3個100円のコロッケであり、人々はそこに行けば温かいコロッケを購入できるという安堵感を得た。空腹状態での人々にとって、温かい揚げたてのコロッケは胃に満腹感を与える即効性がある食べ物であり、生きている実感をもたらす。その後、それを聞いた人が100円の食パンを販売し、人々をさらに勇気づけた。これらは小さいことであるが、被災後の大混乱の中で、食料が提供される場所の確保は、被災した人々に絶望の底から生きることへの希望を与えたことになる。混乱の中で光明を見いだす活力を早く国が国民および諸外国に提示することが、巨大災害では必要である。

3.5 南海トラフ巨大地震に関連する法律と対応

　南海トラフ巨大地震による被害は巨大津波による激甚災害が予想されることから、それに対応した災害に関連する法律が多く制定されている。平成26年現在において、それらの関係について概要を述べる。

1. 基本法関係
   ① 災害対策基本法　　　　　　　　（内閣府、消防庁）　　　　平成25年 6月21日改正
   ② 石油コンビナート等災害防止法　（消防庁、経済産業省）　　平成24年 6月27日改正
   ③ 大規模地震対策特別措置法　　　（内閣府、消防庁）　　　　平成25年 6月21日改正
   ④ 南海トラフ地震に係る地震防災対策の　（内閣府、消防庁）　平成25年11月29日改正
      推進に関する特別処置法

2. 災害予防関係
   ① 地震防災対策特別措置法　　　　（内閣府、文部科学省）　　平成18年 3月31日改正
   ② 建築物の耐震改修の促進に関する法律　（国土交通省）　　　平成25年 5月29日改正

3. 災害対応関係
   ① 災害救助法　　　　　　　　　　（内閣府）　　　　　　　　平成25年 6月21日改正
   ② 消防法　　　　　　　　　　　　（消防庁）　　　　　　　　平成25年 6月14日改正

4. 災害復旧・復興、財政金融措置関係
   ① 激甚災害に対処するための特別の財政　（内閣府）　　　　　平成25年12月11日改正
      援助等に関する法律
   ② 防災のための集団移転促進事業に係る　（国土交通省）　　　平成17年10月21日改正
      国の財政上の特別措置等に関する法律
   ③ 被災市街地復興特別措置法　　　（国土交通省）　　　　　　平成23年12月14日改正
   ④ 被災区分所有建物の再建築に関する　（法務省）　　　　　　平成25年 6月26日改正
      特別措置法
   ⑤ 特別非常災害の被害者の権利利益の　（内閣府、総務省、　　平成25年 6月21日改正
      保全等を図るための特別措置に関する　　法務省、国土交通省）
      法律
   ⑥ 被災者生活再建支援法　　　　　（内閣府）　　　　　　　　平成23年 8月30日改正

(1) 災害対策基本法

災害対策の体系、防災行政の計画等を定める災害関連法制の根幹をなす法律は「災害対策基本法」であり、東日本大震災の教訓を受けて平成25年6月21日に改正された。これに伴い、「災害対策基本法施行令」および「災害対策基本法施行規則」が改正された。そこで、巨大災害が発生した際、防災対策はどのように実行されていくかを「災害対策基本法」について概説する。なお、発災に対して応急的に必要な救助と罹災者の保護は「災害救助法」で定められている。

「災害対策基本法」は、1959年に発生した伊勢湾台風による被害を契機として1960年に制定された。その目的は、第1条に明記されているように、国民の生命、身体、財産を災害から保護するために、防災に関して基本理念を定め、国、地方公共団体(自治体)等の役割を明確にしている。法律は以下の9項目から構成されている。

- 防災に関する責務の明確化
- 防災に関する組織
- 防災計画
- 災害予防
- 災害応急対策
- 災害復旧
- 被災者の援護を図るための措置
- 財政金融措置
- 災害緊急事態

以下で、留意すべき項目について要点を記す。

(a) 防災に関する責務の明確化

条文は以下の項目からなる。

- 国の責務
- 都道府県の責務
- 市町村の責務
- 地方公共団体(自治体)相互の協力

- 国および地方公共団体とボランティアとの連携
- 指定公共機関および指定地方公共機関の責務
- 住民等の責務
- 施策における防災上の配慮等
- 政府の措置および国会に対する報告

防災に対する国、都道府県、市町村の責務を以下のように明確にしている。

行　政	責　務
国	国民の生命、身体、および財産を災害から保護する使命を有し、防災に関して万全の措置を講ずる責務がある。
都道府県	都道府県の地域に係る防災に関する計画・実施を行う責務がある。
市町村	市町村に係る住民に対する防災対策を行う責務がある。

(b)　防災に関する組織

推進会議名	設　置	会　長	作　成	発　災　時
中央防災会議	内閣府	内閣総理大臣	防災基本計画	・著しく異常かつ激甚災害の場合 緊急災害対策本部 (本部長：内閣総理大臣) ・非常災害の場合 非常災害対策本部 (本部長：国務大臣)
地方防災会議				
都道府県防災会議	都道府県	知事	都道府県地域防災計画	都道府県災害対策本部 (本部長：知事)
市町村防災会議	市町村	市町村長	市町村地域防災計画	市町村災害対策本部 (本部長：市町村長)
都道府県防災会議協議会	都道府県間	困難なときは共同または設置しなくてもよい		
市町村防災会議協議会	市町村間			

発災後（発災の恐れがある場合も含む）の対応は、以下のように災害対策本部を設置し救援活動を実施することが制定されている。
① 都道府県知事は 都道府県災害対策本部 を設置（本部長：知事）
- 災害情報の収集
- 災害予防および災害応急対策の実施方針と実施
- 都道府県内の関連地方機関および相互間の連絡調整
- 都道府県現地災害対策本部の設置（必要な場合）
② 市町村長は 市町村災害対策本部 を設置（本部長：市町村長）
- 災害情報の収集
- 災害予防および災害応急対策の実施方針と実施
- 市町村現地災害対策本部の設置（必要な場合）
- 市町村内の関連地方機関および相互間の連絡調整
③ 内閣総理大臣は非常災害に対する対策が特別の必要があると認めた場合、 非常災害対策本部 を設置（本部長：国務大臣）
- 非常災害現地対策本部の設置（必要な場合）
  （本部長：非常災害対策本部長が指名）
- 災害応急対策の実施方針の作成
- 関連指定行政機関が実施する災害応急対策の総合調整
- 非常災害に際し必要な緊急措置の実施
④ 内閣総理大臣は著しく異常かつ激甚な非常災害が発生した場合、 緊急災害対策本部 を設置（本部長：内閣総理大臣）
- 非常災害対策本部は廃止
- 災害応急対策の実施方針の作成と実施
- 関連指定行政機関との総合調整
  なお、災害時において活動する職員が不足するので、他機関、他自治体に職員の派遣を要請できる。
- 都道府県知事等は災害応急対応または災害復旧のために必要な職員の派遣を指定行政機関等に要請できる。
- 市町村長等は災害応急対応または災害復旧のために必要な職員の派遣を指定行政機関等に要請できる。

- 都道府県知事等または市町村長等は災害応急対応または災害復旧のために必要な職員の派遣の斡旋を内閣総理大臣または他の都道府県知事に求めることができる。

(c) 防災計画

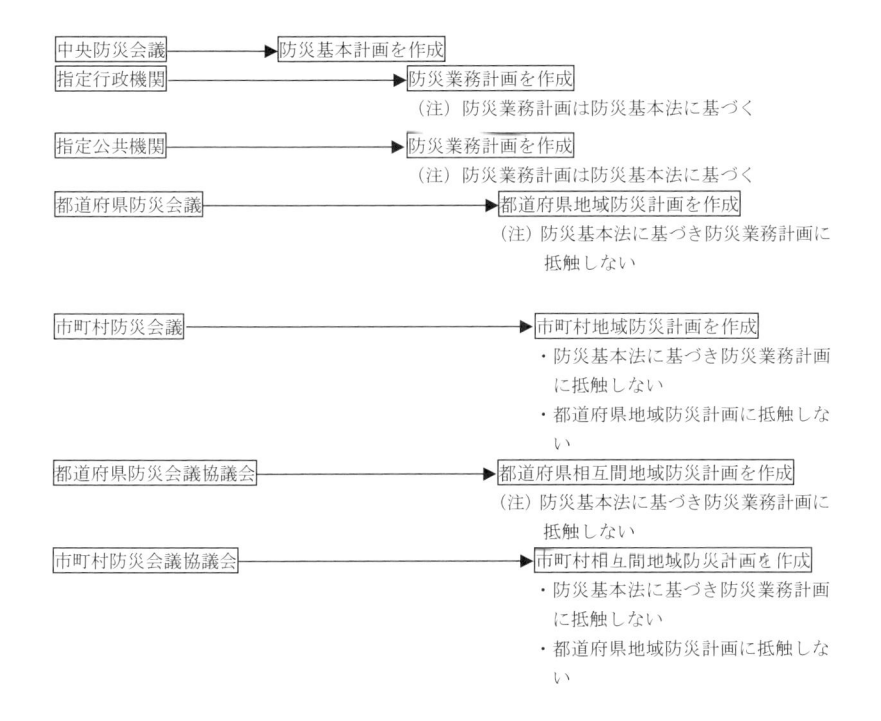

中央防災会議	→ 防災基本計画を作成
指定行政機関	→ 防災業務計画を作成
	（注）防災業務計画は防災基本法に基づく
指定公共機関	→ 防災業務計画を作成
	（注）防災業務計画は防災基本法に基づく
都道府県防災会議	→ 都道府県地域防災計画を作成
	（注）防災基本法に基づき防災業務計画に抵触しない
市町村防災会議	→ 市町村地域防災計画を作成
	・防災基本法に基づき防災業務計画に抵触しない
	・都道府県地域防災計画に抵触しない
都道府県防災会議協議会	→ 都道府県相互間地域防災計画を作成
	（注）防災基本法に基づき防災業務計画に抵触しない
市町村防災会議協議会	→ 市町村相互間地域防災計画を作成
	・防災基本法に基づき防災業務計画に抵触しない
	・都道府県地域防災計画に抵触しない

(d) 災害予防

防災計画の定めるところにより、実効性のある災害予防を達成するため、災害予防責任者（指定行政機関、指定地方行政機関、地方公共団体（自治体）、指定公共機関等の長）は以下の事項が義務付けられている。

① 防災に関する組織の整備義務
② 防災教育の実施義務
③ 防災訓練の義務

④　防災に必要な物資および資材の備蓄等の義務
　⑤　円滑な相互応援を実施するために必要な措置
　⑥　物資供給事業者等の協力を得るために必要な措置
　⑦　指定緊急避難場所および指定避難所の指定等

(e)　災害応急対策
災害が発生または発生前で災害の拡大を防止するための事項について定めている。
①　情報の収集および伝達等
　　災害応急対応責任者(指定行政機関、指定地方行政機関、地方公共団体の長、他)は災害に関する情報を収集し伝達に努めねばならない。なお、救援、支援活動に有効である災害発生場所の位置情報を持った地理空間情報の活用が求められている。
②　国民に対する周知
　　内閣総理大臣は非常災害が発生し緊急避難の必要があるときは、予想される災害の事態とこれに対する対処について国民に周知させる措置が義務付けられている。
③　防災信号
　　市町村長が災害に関する警報、警告、避難勧告等に使用する信号方法は内閣府で統一的に定める。
④　被害状況等の報告
　　市町村および都道府県は、災害の状況とこれに対して執られた措置の概要を内閣総理大臣に報告することが義務付けられ、情報の一元化が図られた。
⑤　警報の伝達
　　災害が発生する恐れがある異常な現象を発見した場合の発見者の通知義務と、その情報を有効に防災活動に活用する情報の流れが義務付けられた。同様のことが、都道府県知事および市町村長に対して、関係機関および住民に警報の伝達および警告を発することが義務付けられた。また、円滑な避難に際して要配慮者に対する配慮が明記さ

れた。また、警報の伝達等のために通信設備を優先利用できることも明記された。
⑥ 事前措置および避難

市町村長に対して、災害が発生する恐れのある場合に対する消防機関等への出動命令等を定めた。また、災害が拡大する恐れがある場合の事前措置、居住者等に対する避難の指示を明示した。市町村長が発した指示は当該地区の知事に報告し、知事が情報把握を行い、もし、市町村長が対応できない場合は知事が代行することになり、避難指示の信頼性を確保した。

⑦ 応急措置等
- 市町村長の応急措置
- 市町村長の警戒区域設定権等
- 市町村長から都道府県知事等に対する応援の要求
- 市町村長は知事に自衛隊派遣を要請できる。知事に要求できない場合は、防衛大臣に要請できる。
- 防衛大臣は災害状況に応じて要請を待たないで救援部隊を派遣できる。
- 市町村が被災した場合知事が代行しなければならない。
- 知事は他の都道府県知事または内閣総理大臣に対して応援の要求ができる。このことにより、応援を受けやすい仕組みとなっている。
- 著しく異常かつ激甚な非常災害が発生し、避難所等(避難所、応急仮設住宅)が著しく不足する場合は政令で指定する。このような状況での災害時においては、避難所等、臨時の医療施設、埋葬および火葬、廃棄物処理に関して特例を設けている。

⑧ 被災者の保護
（ⅰ）生活環境の整備(避難所における生活環境の整備等)
- 災害応急対策責任者は避難所を供与し、安全性および良好な居住性の確保、食糧、衣料、医薬品その他の生活関連物資の配布および保健医療サービスの提供、その他避難所に滞在する被災者の生活環境の整備を措置する。

- やむを得ない理由により避難所に滞在することができない被災者に対しても、上記と同様な措置を講ずる。

　南海トラフ巨大地震では、被災者が多数のため避難所に収容できない状況が想定されるので、在宅の被災者に対しても避難所で生活する人と同等の待遇を受けることができるようにすべきである。被災者にとって避難所は在宅の有無にかかわらず生活基盤のステーションでありたい。

(ⅱ) 広域一時滞在の支援

　被災住民の生命もしくは身体を災害から保護し、また、居住の場所が困難な場合は、

- 同一都道府県内の他の市町村に一時的な滞在(広域一時滞在)
- 他の都道府県の区域に一時的な滞在(都道府県外広域一時滞在)

を行う必要が発生する。これらの対応は市町村長および都道府県知事が協議先と協議して決定する。また、市町村長が機能しない場合は知事が代行する。さらに、市町村および都道府県が機能できない場合は、内閣総理大臣が広域一時滞在の協議等を代行する。

(ⅲ) 被災者の運送

　都道府県知事は被災者の保護を実施するため緊急の必要がある場合は、被災者の運送を要請できる。

(ⅳ) 安否情報の提供等

　都道府県知事または市町村長は被災者の安否に関する情報の照会に回答できる。但し、当該安否情報に係る被災者または第三者の権利利益を不当に侵害しないように配慮する。

(ⅴ) 物資等の供給および運送

(f) 災害復旧

① 災害復旧の実施責任

② 災害復旧事業費の決定

③ 防災会議への報告

④ 国の負担金または補助金の早期交付等

(g) 被災者の救護を図るための措置
① 罹災証明書の交付
　市町村長は当該災害による被害の程度を証明する書面（罹災証明書）を交付しなければならないことを法的に位置付けた。
② 被災者台帳の作成
　市町村長は被災者の援護を実施するための基礎とする台帳（被災者台帳）を作成する。被災者台帳には、氏名、生年月日、性別、住所または居所、住家の被害状況、援護の実施状況、要配慮者（高齢者、障害者、乳幼児その他の特に配慮を要する者）の場合その旨および該当する事由、他を記入する。

(2) 避難所等における取組指針

東日本大震災の教訓を受けて、平成25年6月21日に「災害対策基本法」の改正を受けて、避難所の取組指針について内閣府より平成25年8月「避難所における良好な生活環境の確保に向けた取組指針」[8]が策定された。南海トラフ巨大災害では多くの被災者が発生することから、避難所について概要を述べる。

改正のポイントは以下の2点である。
① 市町村が指定する巨大災害に対する避難者を一時的に難を逃れる緊急時の「指定緊急避難場所」と、被災者が一定期間生活する「指定避難所」に区分した。指定緊急避難場所と指定避難所とは相互に兼ねることができる。なお、市町村長は、指定緊急避難場所および指定避難所は政令で定める基準を満足するように整備する必要がある。
　市町村長は指定緊急避難場所を指定し、知事に通知し、公示する。一方、指定避難所を指定し、知事に通知し、知事は内閣総理大臣に報告する。さらに、市町村長は指定避難所等に対して居住者等に周知する措置を明記し、実効性のある防災対策に配慮する。
② 避難に際して要配慮者（高齢者、障害者、乳幼児その他の特に配慮を要する者）に対しては、支援体制の構築が示された。要配慮者のうち、発災時に自ら避難することが困難な者が円滑かつ迅速な避難を確保

するために、特に支援を要する者を「避難行動要支援者」と定義する。「避難行動要支援者」の名簿を作成し、本人の同意を得て、消防機関、自主防災組織、民生委員等に事前に名簿情報を提供して、避難を支援する。

要配慮者 → 「避難行動要支援者」名簿 → 「避難行動要支援者」の避難を支援

指定避難所には「福祉避難室」の設置、バリヤフリー化、障害者用トイレの設置が示されている。要配慮者の中で、一般の指定避難所で生活ができない専門的な支援や援護の必要性が高い避難者に対しては、「指定福祉避難所」が確保されている。

(3) 「災害救助法」による対応

避難所の設置等は、「災害救助法」により、災害が発生した都道府県知事が被災した市町村に対して実施する。「災害救助法施行細則」により、避難所を開設できる期間は発災の日から7日以内、応急仮設住宅の設置は発災の日から20日以内に着工し、通常は供与できる期間は完成から2年間である。避難所での運営の細目は「災害救助法、同施行令、同施行細則」に規定されている。なお、応急仮設住宅の対象者は、住家が全壊または流失し、居住する住家がない者であって、自らの資力では住宅を得ることができない者である。

仮設住宅の費用の限度額は、「災害救助法施行細則」別表第1(第2条関係)で以下のように決められている。

① 規　模：1戸当たり平均 $29.7m^2$(9坪)を標準
② 限度額：2,401,000円以内
③ 同一敷地内等に概ね50戸以上設置した場合は、集会等に利用する施設を設置できる(規模、費用は別に定める)。

東日本大震災で設置された仮設住宅の建設コストは、談話室、集会所の建設費、造成費、追加工事費を含めて、以下のようであり、災害救助法に基づく一般基準の3倍近い価格となっている。

岩手県　約617万円
宮城県　約730万円
福島県　約689万円

「災害救助法」では、救助の費用は被害が発生した都道府県が負担し、都道府県の財政力に応じて国が負担する。また、救助の応援に要した費用を国が一時的に立て替えることで、迅速な救助の応援が実施できる体制が確立した。「災害救助法」は平成25年10月より厚生労働省から内閣府に移管された。「災害救助法」による救助の程度と期間を**表3-8**に示す。

表3-8　災害救助法による救助の程度および期間

救助の種類		対象	費用の限度額	救助の期間	備考
収容施設	避難所	・災害により被害を受け、または受けるおそれのある者	(1) 基本額 避難所設備費 1人1日につき300円 (2) 加算額　冬季間	・災害発生日から7日以内	・学校、公民館等を利用 ・福祉避難所は加算
	応急仮設住宅	・災害により住宅が全壊し、全焼し、または流失した者で自らの資力のみでは住宅を得ることができない者	・1戸当たりの規模 29.7m² ・1戸当たりの設置費用 2,401,000円以内 ・50戸以上は、集会等施設を設置可	・災害発生日から20日以内に着工 ・供与する期間は完成の日から2年以内	・福祉仮設住宅を応急仮設住宅として設置可 ・賃貸住宅の居室の借上げ
炊き出しその他による食品の供与		・避難所に収容された者 ・住宅に被害を受け、炊事のできない者 ・住宅に被害を受け、一時縁故地等へ避難する必要のある者	・主食、副食、燃料等の経費 1人1日につき 1,010円以内	・災害発生日から7日以内	・被災者が直ちに食することができる現物により行う
飲料水の供給		・災害により飲料水を得ることができない者	・水の購入費、給水および浄水に必要な機械器具の借上げ費、修繕費および燃料費、薬品費ならびに資材費とし実費	・災害発生日から7日以内	

被服、寝具その他生活必需品の供与または貸与		・住宅の全壊、全焼、流失、半壊、半焼または床上浸水、船舶の遭難等により、生活上必要な被服、寝具その他生活必需品を喪失し、またはき損したため、直ちに日常生活を営むことができない者	・季別および世帯区分により定める	・災害発生日から10日以内	・次の品目の現物支給 (1) 被服、寝具、身の回り品 (2) 日用品 (3) 炊事用具および食器 (4) 光熱材料
医療および助産	医　療	・災害のため医療のみちを失った者に対して、応急的に行う	【救護班】 ・実費 【病院または診療所】 ・国民健康保険の診療報酬の額以内 【施術者による場合】 ・協定料金の額以内	・災害発生日から14日以内	・救護班により行う
	助　産	・災害発生の日以前または以後の7日以内に分娩した者で、災害のため助産のみちを失った者	【救護班等による場合】 ・使用した衛生材料等の購入費 【助産婦による場合】 ・当該地域の慣行料金の8割以内の額	・分娩した日から7日以内	
災害にかかった者の救出		・災害のため生命および身体が危険な状態にある者または生死不明の状態にある者	・舟艇その他救出のための機械、器具等の借上費、購入費、修繕費、燃料費等とし、実費	・災害発生日から3日以内	
災害にかかった住宅の応急修理		・災害により住宅が半壊し、または半焼したもので自らの資力のみでは応急修理ができない者 ・大規模な補修を行わなければ居住することが困難である者	・1世帯当たり、52万円以内	・災害発生日から1月以内	・居室、炊事場、トイレ等現物により応急修理

3.5 南海トラフ巨大地震に関連する法律と対応

生業に必要な資金の貸与	・住宅が全壊し、全焼し、または流失したため生業の手段を失った世帯 ・生業を営むために必要な機械、器具、資材等を購入する費用に充てるものについて貸与することとし、生業の見込みについて確実で具体的な事業計画があり、かつ、償還の見込みがあると認められる者	(1) 生業費 　1世帯当たり 　3万円 (2) 就職支度費 　1世帯当たり 　1.5万円 ・貸与期間は2年以内とし、無利子	・災害発生日から1月以内	
学用品の給与	・住宅の全壊、全焼、流失、半壊、半焼または床上浸水により、学用品を喪失し、またはき損したため、就学上支障のある小学生、中学生および高等学校等生徒	1　教科書 2　文房具および通学用品 (1) 小学生 　1人当たり 　4,100円 (2) 中学生 　1人当たり 　4,400円 (3) 高等学校等生徒 　1人当たり 　4,800円	・災害発生日から教科書は1月以内、その他の学用品は15日以内	・現物支給 (1) 教科書 (2) 文房具 (3) 通学用品
埋　葬	・災害の際死亡した者 ・埋葬または火葬を実施する者	(1) 大人　1体当たり 　100,000円以内 (2) 小人　1体当たり 　159,200円以内	・災害発生日から10日以内	(1) 棺または棺材等の現物の給与 (2) 埋葬等およびそのための賃金職員の雇上げ (3) 骨つぼおよび骨箱の給与

死体の捜索	・災害により行方不明の状態にあり、かつ周囲の事情により既に死亡していると推定される者	・実費	・災害発生日から10日以内	
死体の処理(埋葬等を除く)	・災害の際、死亡した者	【死体の洗浄、縫い合せ、消毒等の処置】 ・1体当たり 3,300円以内 【死体の一時保存】 (イ)既存建物利用 ・実費 (ロ)既存建物を利用できない ・1体当たり 5,000円以内 【その他の費用】	・災害発生日から10日以内	・検案は、救護班により行う。
災害により住宅またはその周辺に運ばれた土石、材木等で日常生活に著しい支障を及ぼしているものの除去	・居室、炊事場等日常生活に欠くことのできない部分または玄関等に障害物があるため、一時的にその住宅に居住できない状態にあり、かつ、自らの資力のみでは当該障害物を除去することができない者	・1世帯当たり 137,500円以内	・災害発生日から10日以内	
応急救助のための輸送および賃金職員等の雇上げ	・次に掲げる場合に行う。 (1)被災者の避難 (2)医療および助産 (3)救出 (4)飲料水の供給 (5)死体の捜索 (6)死体の処理 (7)救済用物資の整理配分	・実費	・当該救助の実施が認められる期間以内	

「災害救助法」は、災害が発生し、国が地方公共団体（自治体）、日本赤十字社、その他の団体および国民の協力の下に、応急的に必要な救助を行い、被災者の保護と社会の秩序の保全を図ることを目的に設けられている。救助の対象は第2条の条文に記されているように、都道府県知事が当該市町村の区域内で発生した災害に対して救助を必要とする者に実施する。災害救助法に該当する災害は、災害により市町村の人口に応じた一定数以上の住家の滅失がある場合であり、具体的には「災害救助法施行令」第1条の第1項から4項のいずれかに該当する場合である。災害救助法の適用は当該都道府県知事が決定する。

救助の種類、程度、方法および期間は、**表3-8**のように内閣総理大臣が定める基準によって実施するが、適切な実施が困難な場合には、知事は内閣総理大臣の同意を得た上で、救助の程度、方法および期間を定めることができる。

救助の種類は以下の通りである。
① 避難所および応急仮設住宅の供与
② 炊き出しその他による食品の給与および飲料水の供給
③ 被服、寝具その他生活必需品の給与または貸与
④ 医療および助産
⑤ 被災者の救出
⑥ 被災した住宅の応急修理
⑦ 生業に必要な資金、器具または資料の給与または貸与
⑧ 学用品の給与
⑨ 埋葬
⑩ 死体の捜索および処理
⑪ 災害によって住居または周辺に運ばれた土石、竹木等で日常生活に著しい支障を及ぼしているものの除去

「災害救助法」に基づく救助の原則は現物給付である。現物給付の場合、避難所での避難者数を把握し、それに必要な生活必需品の必要数を確定しなければならないなど、避難所を運営する職員の負担が増加する等の問題がある。避難所の運営形態に合わせた支払い形式が最適であるが、これに

ついてはまだ改善の必要がある。

　以上のように、「災害救助法」は広域の激甚災害を対象としていないことから、東日本大震災発生以後適用された実施期間は延長された。

　南海トラフ巨大災害に対しては、「災害救助法」が想定していた災害規模を超える。そのため、応急仮設住宅の設置期間等が、「災害救助法」で規定される期間を超えても解決されない事態が続く。そこで、平成25年6月21日改正された「特定非常災害の被害者の権利利益の保全等を図るための特別措置に関する法律」により、著しく異常かつ激甚な非常災害においては、第8条で応急仮設住宅をさらに1年延長できることと規定している。東日本大震災で設置された仮設住宅については、さらに1年延長することになり、住宅の復興を加速化する必要がある。

参考文献
1) 内閣府：中央防災会議資料「南海トラフの巨大地震に関する津波高、浸水域、被害想定の公表について，報道発表資料一式」、平成24年8月29日発表、資料をもとに作成
2) 中日新聞ホームページ：「南海トラフ地震　被害想定」をもとに作成
3) 内閣府：中央防災会議資料「南海トラフ巨大地震の被害想定について（第二次報告）」、平成25年3月18日発表、資料をもとに作成
4) 内閣府：中央防災会議資料「南海トラフ巨大地震対策について（最終報告）」、平成25年5月28日発表
5) 髙畠秀雄：「南海トラフ巨大地震で提言」、建設工業新聞、平成24年11月19日
6) 髙畠秀雄：「南海トラフ巨大地震に備え」、建設工業新聞、平成24年12月6日
7) 髙畠秀雄：「南海トラフ巨大地震に対する実効性のある防災対策の方向性について」、日本建築学会、東日本大震災2周年シンポジウム、pp.223-228、2013年3月27日～29日
8) 内閣府：「避難所における良好な生活環境の確保に向けた取組指針」、平成25年8月

第4章
被災する太平洋側地方の防災対策

　内閣府中央防災会議の資料(第3章の参考文献1)参照)によると、南海トラフ地震による死者は**表4-1**のように津波による死者が圧倒的に多い。巨大地震による建物の全壊棟数は135万棟、負傷者は約59万人である。半壊を含めた棟数は、負傷者数の1/0.17＝5.9倍と仮定すると約348万棟に相当する。100％の建物の耐震化と津波に対して全員が避難する場合は、死者数は約6万人と試算している。しかし、死者数は減少しても津波による被害は多くの被災者を発生させるので、最悪のシナリオに対して実効性のある防災対策を事前に重点的に実施することが肝要である。

表 4-1　南海トラフ地震による最悪シナリオ

要　因	全壊棟数	死者数	負傷者数
揺　れ	135 万棟	8 万人	59 万人
液状化	13 万棟	—	—
津　波	15 万棟	23 万人	2 万人
火　災	19 万棟	1 万人	1 万人
合　計	182 万棟	32 万人	62 万人

(地震動：陸側ケース、津波ケース①冬深夜、風速 8m/s、早期避難率低
　数値は四捨五入。出典：第3章参考文献1))

4.1 被災地の防災対策の留意点

　防災対策は、巨大地震と巨大津波の両方を対象とした対策が必要であるが、従来の防災対策は主に地震に対する対策に重きを置いている。巨大災害は、最初に地震による被害が発生し、短時間後に巨大津波が来襲することにより激甚となる。これらの時系列で発生する被害に対して、被害を最小限にして、かつ、被災者を安全に救援・支援し、復興を早期に回復することが肝要であり、この流れから、防災対策がなすべき事項が明確になる。

(1)　巨大地震に対する建物およびインフラの耐震化

　巨大地震に対しては、木造住宅の耐震化、多人数が使用する既存建築物の耐震化、災害時に基幹的役割をする行政、警察、消防署、道路、水道、電気、ガス、下水道、交通機関等の耐震化とBCP（事業継続計画：business continuity planning）を実施する。

　耐震性能が低い木造住宅では、建物全体がペシャンコになる層崩壊が発生するので、建物内の人は圧死するケースがほとんどである。既存木造住宅の耐震化は一向に進まないが、耐震改修に要する経済的負担も多い。そこで、地震により建物が倒壊・損傷しても最低限命が守られることに目標を設定すれば、経済的負担も少なく、実施率が飛躍的に改善できると考えられる。

　そのためには、木造住宅の廊下部分の耐震性を向上させ、シェルター化すれば、地震が起きた際も、そこに逃げ込めば圧死を免れることができる。廊下部分は出入口に直結しているので、閉じ込められる恐れは少ない。就寝中の地震に対しては梁の落下防止対策が必要となるが、P波で目覚め早く廊下に脱出することにより、横揺れが来ても命は守られる。住宅は損壊しても、住民の命が守られる対策が第一に進められるべきである。

　現在、既存建築物の耐震化が促進されて、行政、警察、消防署等の防災拠点施設、避難施設、公共施設、幼稚園から病院へと移行しつつある。不特定多数の人が利用する大規模な建築物等の耐震診断の実施を義務付ける「建築物の耐震改修の促進に関する法律」が改正され、2013年11月25日

に施行された。具体的には、新耐震設計法(昭和56年5月31日)以前の設計法で建設された建築物が対象となり、階数が3および床面積の合計が5,000m^{2}以上の病院、店舗、旅館等である。

なお、幼稚園・保育所は階数が2以上であって床面積の合計が1,500m^{2}以上、小学校・中学校は階数が2以上であって床面積の合計が3,000m^{2}以上、老人ホーム、老人短期入所施設、老人福祉センター等は階数が2以上であって床面積の合計が5,000m^{2}以上が対象となる。また、上記の建築物のほかに、地震によって当該建築物が倒壊した場合において避難路の通行を妨げる沿道の通行障害既存不適格建築物が対象となる。

このように、既存不適格建築物の耐震性能を改善・向上することにより、巨大地震による死傷者を格段に減らすことができる。

巨大災害時で生き延びた人が避難所まで辿り着くことができたとしても、次に直面する問題は飲料水と食糧の問題である。災害時の食糧問題は、当初は公助で賄うことができても、多量に必要とする食料はそれほど備蓄していないから、すぐに枯渇する。また、備蓄されていても、備蓄場所から避難所まで運ぶ手段がない場合がある。この問題の解決策として、大型スーパーの活用を提案する。大型スーパーは身近に存在する大食糧庫であり、食料品等の販売施設であるから、大型スーパーの耐震化を進めて、巨大災害時に営業できる対策が最も効率的である。

大型スーパーの耐震化には、建築物自体の耐震化、店内の陳列台等の耐震化、食糧生産および販売施設の耐震化が必要となるが、これらの対策は比較的容易である。陳列台の耐震化は、陳列台上部をダンパー付のアーチ材で頭繋ぎをすれば転倒を防止できる。簡易な制振装置を陳列台の頂部に取り付ければ揺れを抑えることができる。また、陳列台からのビン等の飛び出しは、比較的軽微な方法で対策できる。

さらに、冷凍施設の電力を確保するための自家発電施設と、災害時にも対応できるソーラーシステムを用いた自然エネルギーによる発電を蓄電して、自家発電と組み合わせて利用するシステムを導入するなどの対策も必要となる。巨大災害に対抗できる防災対策は官のみでは達成されないので、民間の活力が不可欠である。

(2) 緊急輸送道路の耐震化

　緊急輸送道路は津波の影響を受けない場所に設定し（地域防災計画で指定）、道路自体の液状化を含めた耐震性の向上と同時に、道路沿いの建築物・工作物、道路側面の崖、当該道路を跨ぐ高架橋、地下道等の耐震化を実施する。都市部の基幹的な緊急輸送道路は幅員が広いほど良く、地域を縦貫・横断方向に複数設けて、地域の中心から周回できるようにすれば救援活動が効率的になる。

　また、緊急輸送道路は中央分離帯、植栽、道路上の架線をできるだけなくし、主要な各所に災害救援拠点を設け、大型クレーン、大型重機、ヘリコプター等の活動と火災時の防火帯の役割を担える対策が必要である。従来、このような広幅員の主要幹線道路は都市計画の対象となり、緑化等の施設や、その他モニュメント等の工作物が設置されていたが、防災対策の観点から見直す必要がある。

　特に、緊急輸送道路沿いの歩道近くに石像等の大型彫刻（モニュメント）が設置されている場合があるが、これらの彫刻等は耐震対策が考慮されずに重量物を上部に置いた不安定な物が多いので、防災対策上、その配置を検討する必要がある。

　巨大災害時には道路が寸断されているので、それらを通行可能にするには作業箇所が多いほど復旧は早い。したがって、巨大災害時に活用できる重機や救援資材をヘリコプターで輸送できるスペースを緊急輸送道路の主要点に設ける。そこには、ヘリコプターの離発着を妨げる障害物を設置せず、平坦なスペースが確保されるべきである。柵やベンチ、照明灯等は、移動、可動式とし、電源と水道設備、トイレ等を備えるなどの設備が必要である。また、ヘリコプターが着陸できるⒽマークを表示し、進入方向を指示しておくことも必要である。同時に、他県および地元の救援・支援活動に便利な位置情報として地点番号を付す。特に、この地点番号等は夜間でも目視可能な仕様とする。従来の都市計画で見落とされていた巨大災害に対する防災対策を、幹線道路について再考する機会である。

(3) 防災拠点の耐震化・機能強化

　防災拠点は、災害発生直後に被災状況を迅速に把握し、救援・支援を指揮する自治体機能であり、その機能を発揮するには、建物、人員体制(参集率)、責任者、活動機能の確保が不可欠である。巨大災害発生時に想定通りに機能するには、最悪のシナリオに対するBCP(事業継続計画)が必要となる。被災する太平洋側地域は降雪時には活動機能が低下するので、降雪が予想される期間は救援・支援の車両に対する雪対策(スノータイヤの装着と除雪道具、除雪機械の整備)が必要である。

　防災拠点となる自治体の建物は、都市部では超高層ビルの場合が多い。これらの超高層ビルでは長周期地震動対策を実施すべきである。巨大地震では、長周期地震動が全国の超高層ビルに大きな横揺れを発生させてその機能を失わせることとなり、被災地および被災地以外の地域からの救援・支援活動に支障が出る。

　近年、災害管理等の情報はパソコンを用いた情報システムに依存しているので、インターネット等の情報通信回線および電力の確保(自家発電を含む)が不可欠である。日本全国および世界に繋がる情報通信回線が不通の場合、ローカルで対応できる補助システムも必要になる。その際、必要な情報は自前で確保しておかなければならないので、常にメイン系統とは異なるバイパス系統で、自力で運用稼働できるシステムの構築が不可欠である。

　いずれの場合でも、システムを稼働させるには電力の確保は最低限の条件として必要であり、電気がなければすべての機能は停止する。そのためには、電気室が被害を受けないように津波対策を実施する。

　従来、電気室は地下階に設置されているのがほとんどであるが、最近の設計では上階に設けるようになっている。しかし、既存の建築物では地下にある場合が多いので、別途、非常用の電気室を安全な位置に設ける等の対策が必要である。

　近年、人工衛星を用いた情報収集が非常に小さな物まで識別できるように進歩している。これらのスパイ衛星を含めた商業用衛星を積極的に活用し、防災システムに取り入れることにより、救援・支援に大いに役立つ。GPS機能等が進展している今日では、航空機や人工衛星を用いた観測シス

テムにより、災害状況や災害時に活動すべき機関の建物の被害状況を迅速に把握できる。全体の被災状況を一刻も早く把握することは、災害対策の要となる。

被災地に位置する防災拠点には、救援・支援活動に活用できる建物、機関、道路等の被災状況を迅速に把握すると同時に、救援・支援要請を外部に発信する役割がある。被災地から遠く離れた地域から救援・支援をする際に必要な情報と伝達方法を、災害発生前に被災想定地域と救援・支援地域の防災担当者間で取り決めておくことが重要である。その際、複数の機関が集合することから、地図情報等は UTM グリッド図法に統一する等の施設・設備および情報のユニバーサル化を実施することも大切である。

(4) 巨大津波に対する防災対策

巨大津波対策としては、市街地に津波を浸入させないことが最も重要である。津波が浸入すると、多くの建物が崩壊・流出し被災地は大量の土砂で覆われ、生活基盤がすべて失われる最悪の被災ケースとなる。

もし津波の浸入を阻止できない場合は、津波の進行および引波状態での速度を低減させることである。それには防潮堤の耐震性を高めることに加えて、海岸線の近辺に位置する鉄道、道路等の高架橋を盛土し、既存社会資本が連携して津波の進行経路を遮断および阻止する方法が有効である。

一方、海抜 0 メートル地帯では、堤防や防潮堤により浸水から守られている。南海トラフ巨大地震では、最初に巨大地震が作用し、堤防や防潮堤が液状化すると耐力を喪失するので、巨大津波が来襲する前に崩壊し、津波が作用したと同様な災害が発生する。そのためには、脆弱な堤防および防潮堤の改修と同時に、津波の浸入に対して社会資本施設が一体となって浸入を防止する対策が必要となる。

巨大津波が都市に来襲した際、都市の地域内の高低差も重要となる。巨大津波の進行方向によっては、都市の周囲を囲むようにして中心部に進行してくる場合がある。この場合、避難経路が遮断されるので、津波シミュレーション解析をして、都市部にどのような方向から巨大津波が浸入してくるかをあらかじめ把握し、その対策を取る必要がある。

(5) 情報通信システムと非常時電力の確保

　今日の社会基盤は、すべてコンピュータを主体にした情報通信で管理・運営されている。基幹通信回線は地下深くの洞道を通して全国に配線されている。東日本大震災では、東北地方への主要基幹通信回線の3本のうち2本が損傷した。南海トラフ地震に対しては、巨大地震による基幹通信ケーブルの破断防止対策と同時に、巨大津波による浸水対策が必要である。

　主要基幹通信回線の安全性では、極めて厳しい最悪シナリオに基づき、すべての回線がストップした場合でも他の手段を瞬時に対応できる対策を事前に準備しておく必要がある。そのためには、地中に配置される通信回線以外に衛星を用いた回線をバイパスとして設ける手段があり、マイクロ回線網と光ファイバー網を統合した光/マイクロ回線網が有効である。

　通信回線と同時に電力の確保も不可欠である。災害に強い電力を確保するため、自家発電機能の増強、自然エネルギーの活用のほかに、非常災害時の発電を主務とする大型船舶(電力供給船)の整備を次節で提案する。

　電力と通信回線の喪失は、高度に進展した社会システムが一切作動しなくなり、情報通信に関係した全機能を失う最悪のシナリオになる。この状況では、当然世界に向けた情報通信能力も失う。特に、最悪状態において外国からサーバー攻撃を受けると日本の機能は完全に麻痺するので、サーバー攻撃に対応できる人材と組織の構築が必要である。

　巨大災害時でも、平時と同様に国内外に対する情報発信力の確保は、国としての機能が確保されていることの証である。そのためには、サーバー攻撃に対処できる有能な人材の育成と、それを統括する国の確たる機関・部署を災害発生前から本格的に設置する必要がある。世界の各国では、サーバー攻撃に対する備えは国の管理下で機構化されていることから、我が国も遅れないように、世界的に最強な組織を確立する必要がある。その際は、同盟国の力を借りずに我が国の力のみで活動できる組織と能力を確保することが大前提である。

　同様に、産業基盤、社会基盤のインフラ等もすべてコンピュータで管理されていることから、サーバー攻撃を受けると外部から破壊やコントロールがされ、壊滅的な打撃を受ける。発電所、ガス、官公庁、金融機関等の

システムはサーバー攻撃の対象になりやすい。また、これらの情報社会を支えている基幹回線に対する攻撃は、最も深刻な打撃を受ける。外国からの組織的なサーバー攻撃は国家間の戦争状態と同様であり、それに対応できる人材と組織は一朝一夕には育成されないことから、国としての危機管理に対する厳しい対応が求められる。

(6) 石油コンビナートに対する防災対策

図 4-1 に、2013 年 11 月末現在の我が国の製油所の位置と原油処理能力を示す。これらの大型石油コンビナートは太平洋側に面する大都市の海岸近辺に設置され、多くの大型石油タンクがある。

製油所の所在地と原油処理能力（2013年11月末現在）
常圧蒸留装置能力　合計433万9,700バレル／日　（製油所数：25ヵ所）

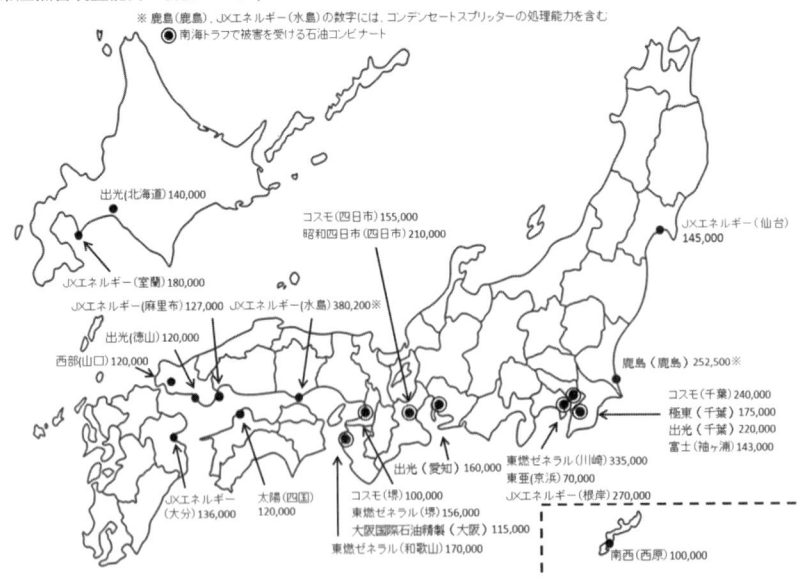

※ 鹿島（鹿島）、JXエネルギー（水島）の数字には、コンデンセートスプリッターの処理能力を含む
● 南海トラフで被害を受ける石油コンビナート

出光（北海道）140,000
JXエネルギー（室蘭）180,000
JXエネルギー（麻里布）127,000
出光（徳山）120,000
西部（山口）120,000
JXエネルギー（大分）136,000
太陽（四国）120,000
コスモ（四日市）155,000
昭和四日市（四日市）210,000
JXエネルギー（水島）380,200※
コスモ（堺）100,000
東燃ゼネラル（堺）156,000
大阪国際石油精製（大阪）115,000
東燃ゼネラル（和歌山）170,000
出光（愛知）160,000
東燃ゼネラル（川崎）335,000
東亜（京浜）70,000
JXエネルギー（根岸）270,000
JXエネルギー（仙台）145,000
鹿島（鹿島）252,500※
コスモ（千葉）240,000
極東（千葉）175,000
出光（千葉）220,000
富士（袖ヶ浦）143,000
南西（西原）100,000

図 4-1　石油コンビナートと原油処理能力 [1]

南海トラフ巨大地震では、阪神地区、中京地区、東京湾に位置する石油コンビナートは巨大津波の来襲を受ける。地震および津波による大型石油タンクの被災によって流出した石油等が引火して火災が発生すると、巨大地震と巨大津波による両被害以上の深刻な被害が長時間にわたり発生することから、大型石油タンクの耐震・耐津波対策および流失油の拡散防止対策が重要である。

　大型石油タンクの耐震・耐津波対策には、地盤の液状化対策、タンク貯蔵量による地盤との共振対策を同時に検討する必要がある。特に、大型石油タンク等の石油コンビナートが設置されている地盤は海岸沿いの軟弱地盤が多い。このような軟弱地盤に対する耐震性能の向上を図ることに加えて、巨大地震・巨大津波によるタンクからの流出油を発生させない対策が必要となる。

　巨大津波が作用した場合、それに対応できる大型貯蔵タンクの耐震補強は不可能である。したがって、巨大津波に対する防災対策は、石油コンビナートのタンク群を囲む防潮堤を築いて、巨大津波がタンク群に作用しないようにする方法が有効である。

　最も確実な防潮堤は堅牢な構造が好ましいが、軟弱な地盤に重量構造物を構築することは基礎関係に多大な費用がかかる。そこで、巨大津波の波速を弱めて、大型貯蔵タンクは浸水はするが、津波の水平力を可能な限り低減させる防潮堤を構築する方法が考えられる。それには多重構造の有孔防潮堤の構築を提案する。巨大津波は波高も高く、また引波では押波以上の力が作用するので、周辺に多層有孔板からなる防潮堤を構築する必要がある。浸水深さが高くなると、大型貯蔵タンクに浮力が発生し、それを防止することは大変困難になるので、浸水深さをできるだけ低くして、高能力のポンプによる排水対策も同時に検討すべきである。

　巨大タンクの内容液の高さはタンクごとに異なるので、長周期地震動の長周期成分と共振するタンクは必ず存在する。これらのタンクでは、浮屋根と側面との摩擦・衝突およびタンクの損傷等による油の流出、そして火災の発生が考えられる。これらの発生原因に対する対策は、タンク全体に共通する課題であるから比較的対策は容易である。

次に検討すべきは、石油コンビナートが設置されている地盤が液状化することである。海岸沿岸は軟弱な堆積層であり支持地盤層も深く、液状化と同時に側方流動を発生して大型タンクが傾斜し油の流出が生じる。この対策としては、石油コンビナートの石油タンクの地盤の横移動を拘束する杭または連壁等を設置することが有効である。濱田政則教授は著書「液状化の脅威」[2)]で、臨海部コンビナートの防災性向上策として、既設護岸に大口径の鋼管杭を連続的に打設する方法を提案している。油の流出による火災被害は巨大津波の後に発生し、被災地は壊滅的な被害になる。事前の対策に巨額の資金を投じても、大災害により発生する被害額から比べれば極めて安い投資となるので、順次進めるべきである。大口径の鋼管杭を津波対策の防潮堤の基礎に兼用することで、合理的な対策が実現できると考えられる。

(7)　オートロック機能の住宅

　マンションおよび個人用住宅の場合、防犯対策として電気錠によるオートロック機能が設置されている場合が多い。南海トラフ巨大地震では、地震により停電になった際、自動ドアに併設してある電気錠システム(オートロックシステム)に非常電源装置を搭載していない場合、停電すると作動停止する。オートロックの停電時の施錠状態は、停電時でも施錠する形式(停電時施錠型)と停電時は開錠する形式(停電時開錠型)とがある。停電時施錠型は、盗難等の理由から停電時でも施錠を必要とする銀行、商店等に設置されている。一方、自動ドア本体の装置は停電時の状態で停止するので、閉じていた状態の場合は閉じた状態であり、開いていた状態では開きっぱなしの状態となる。

　オートロックシステムは防犯上便利な装置であるが、動力を電気に依存しているので、大災害が発生し停電になったときの電気錠の状態を、防災訓練等で実際に把握しておく必要がある。停電時に電気錠が施錠状態の場合、鍵がないと外部から入ることができなくなる。一方、大災害では停電が長期間続くことから、電気錠以外の手動式錠が設置されていないと、無施錠状態が長期間にわたり続くので防犯上危険である。また、オートロッ

ク機能を利用していた習慣はドアを施錠することを忘れる。被災地では混乱に乗じた窃盗等が横行することから、被災地の防犯対策をいかに混乱状態の中で確保するかは大きな課題であり、これに対する解決法は本章の「提言-19」で提案する。

　以上、本節では被災地の防災対策として(1)〜(7)の項目について巨大災害を低減させる防災対策の留意点を示したので、次節では超巨大災害に特化した防災対策を具体的に提言する。

4.2　超巨大災害に有効な防災対策の提言

(1)　**提言-1**　津波避難ビル群による津波の作用を低減する防災対策

　津波からの避難が困難な地域における大多数の人々を救済するには、津波避難ビルが必要となる。そこで、海岸線に沿って建設する津波避難ビルに居住性を持たせて住民の居住用高層住宅に活用し、低層階部分は遮水設備を設置して住居以外の倉庫・車庫等に使用する。これらの新設および既設の津波避難ビルを林立させて、津波が都市部深くに浸入するのを阻止する。また、津波来襲時には、それらの津波避難ビル群の間に有孔遮水板を複数枚設けて、それを透過する津波の速度を弱める（図4-2）。

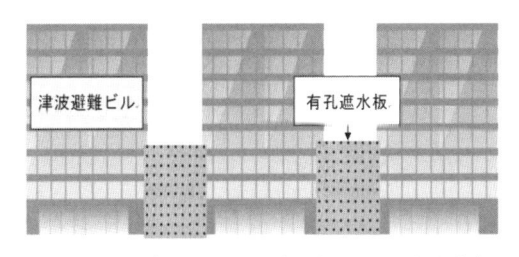

図4-2　津波避難ビル群と有孔遮水板による津波速度の低減

　有孔遮水板は津波避難ビルの間に開閉式で設置し、津波の来襲前に閉じる。この遮水板に小さな開口を多数設けて、津波を堰き止めるのでなく、津波が孔を通過する際に速度を落して津波の力を分散させることにある。

複数の遮水板を設けて、津波が遮水板を通過するごとに津波のエネルギーを消散させることにより速度を低減できる。

　津波の威力は、波が押してくる状態に加えて、陸上を遡上してきた波が重力により引波となるとき、遡上した津波の全重量が引波の力となるので、構造物を破壊する大きな力となる。引波の威力をなくすには、引波の速度を弱めることと、引波として作用する水の量を減らすことである。そのためには、津波の浸入経路と同様に戻る際の経路を複雑にして、遡上した津波が同時刻にかつ多量に引き返せないように分散化する。社会資本施設が連携することにより、引波の速度を遅くすることができる。

　さらに、引波の排出経路を通りにくくして速度を落すことも有効である。前述した有孔遮水板は引波においても有効であり、複数の遮水板に設けた孔を通過するごとに津波の速度が弱まる。この結果、引波は先が詰まった状態になり、大雨での浸水と同様に遅い速度で引き始めることになる。この結果、背後の住宅は津波による浸水はするが流失を避けることができる。

　有孔遮水板は重層に配置し、津波の浸水路の各所に設けても有効である。どの程度の孔を設ければ有効かは実験および解析で確認する必要があるが、複数枚の遮水板を距離を置いて設置し、孔を通過する波がぶつかり合って速度を相殺する工夫も重要である。要は、津波の速度を可能な限り殺して、背後の住宅は浸水するが流されない速度にすることである。

　津波が陸上を遡上する際の津波速度と家屋の被害との関係は、**表 4-2** のようである。建築物が密集した場所と閑散とした場所では、津波の速度（流速）に大きな差がある。また、建築物が木造住宅、鉄筋コンクリート造の場合では自重が大きく異なるので、津波による被害を発生させる流速に 2 倍程度の違いがある。したがって、有孔板等によって津波の速度を遅らせるには、4.2m/s 以下にする必要がある。

　木造住宅では浸水により浮力が作用し、水平力に対する抵抗力がアンカーボルトのみになるから、津波の少しの速度でも水平方向に流出することになる。最近の住宅は高気密・高断熱を得るために、床板は厚い構造用合板を用いて土台に貼られている。そのため浸水すると、船のように浮力が大きくなり、津波の小さな速度でも流される傾向にある。床板に水抜き

穴を設けてあれば、浮力による作用は低減できるので、木造住宅も容易に流されない。また、押波および引波が住宅内に入り込んだとき、それらが容易に流れ出すような工夫も必要である。

表 4-2　家屋破壊基準 [3)]

家屋の種類	地　区	流　速
コンクリート造	高層建築物地区	10.2m/s 以上
コンクリート造・ブロック造	密集した居住地区	10.2m/s
木　造	閑散とした居住地区	4.2m/s

(2)　提言-2　粘り強い防潮堤・防波堤の開発

　防潮堤は津波を阻止する最後の砦であり、これが崩壊すると支えていた津波が一挙に作用して被害を拡大し、その後の復興が困難となる。基本的には、極めて稀に発生する最大の津波高さを想定したレベル2に対しても強靭な防潮堤を構築することが最良であるが、その実施には多くの費用を要する。すべての地域に強靭な防潮堤を構築することが不可能なら、巨大被害の危険性が顕著な地域に優先して設置する。また、一度に完成せずに数年にわたって構築する増築方式により防潮堤の強靭化を目指す方法がある。

　一方、大都市においては、海岸沿岸部は産業基盤の玄関口となることから、沿岸部に高い防潮堤を巡らすことができない。津波は湾内に浸入すると波高が急激に増加するので、湾に入る前で津波を阻止できれば有効である。この役割をするのが湾口防波堤(津波防波堤)である。設置位置は、津波の進行を抑止するのに最適で、海上輸送の障害が少なく、施工可能な水深等を考慮して広域的視点から決めるべきである。また、基幹的な防波堤は、1列ではなく2列に配置した粘り強い防波堤を構築する工夫が必要である。当然、東日本大震災で指摘された防波堤の越流対策、引波対策、マウンド部分の浸食に対する強化等は改善する必要がある。

湾口防波堤では、港を利用する船舶の航路部分には防波堤を設置できないので、この部分から津波が湾内に入ってくる。これを阻止する対策として、巨大津波が来襲する前に、防波堤の開口部に設置した装置が作動して、開口部を閉塞する方法が考えられ、一部実施されている。これらの方法には、開口部の海底部分に埋め込まれた円柱状鋼管柱が浮き上がる仕掛けや、開口部の海底に開口部を閉鎖する鉄製扉を伏せて置き、津波が来ると鉄製扉が回転して閉まる形式がある（図4-3）。

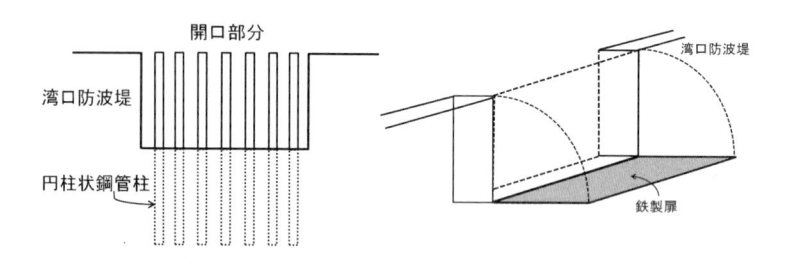

図4-3　湾口防波堤の開口部の閉塞方法

その他新しいアイデアの閉塞方法が考案されているが、巨大津波時に完全に閉めることができる単純な構造形式がよい。巨大津波の来襲は数十年〜数百年に一度の間隔であり、そのような長い期間では海底に設置した閉塞装置に堆積物や貝殻等が付着するので、メンテナンスが大変である。開口部を閉塞する簡単な方法では、諫早湾等の干拓地で用いられているゲート方式がメンテナンスが容易であり、装置の信頼性も高いと考えられる。

粘り強い防潮堤および防波堤の提案として、レベル2に対応する想定値を超える津波に対しては、防潮堤の倒壊を防止するため、超過した水位を逃がして防潮堤の崩壊を防止する「除荷機能」を設置する。また、設計値を超過した水位が作用した際に実施する放水は、相互に干渉させて津波の威力を相殺し低減する「相殺機能」を持たせる。この相殺機能は、放水管の方向を放水同士が衝突するように反対向きに設置して、速度を低くすることや、放水管の方向を少し上向きにして、後ろ方向に直接流れないよう

に工夫すると解決できる。

　これらの有効性は実験的確認が不可欠であるが、要は、いかにして粘り強い防潮堤を構築できるかについて、新しいアイデアを投入し、問題解決していくことが大切である。また、防潮堤には高波の衝撃を吸収する「砕波対策」も施す必要がある。以上の結果、レベル2以上の津波が作用しても、防潮堤の背後の住宅は浸水するが流失しないことになる。このような性能を持つ防潮堤の開発が必要である。

　地盤が悪い場所に設置されている防潮堤は巨大地震により液状化が発生するので、巨大地震と巨大津波が時系列で連動して作用する際の挙動を検討する必要がある。特に、海抜0メートル地帯の防潮堤は、前述したように、巨大地震が作用すると地盤の液状化により耐力を喪失し、損傷する危険性が大であり、巨大津波が作用する前に浸水し、地域住民が避難できずに被災する可能性が極めて大きい。そのため、既存の防潮堤の耐震性を強化すると同時に、浸水が都市部の深くに浸入しないように、既存の社会資本施設を利用する対策が必要となる。

① 解説：巨大津波に対抗する巨大防潮堤について

　東日本大震災直後は巨大な津波に恐れをなし、被災地では堅牢な防潮堤の早期実現を望んだ。東日本大震災で発生した巨大津波の高さは極めて高く、20mを超える高さである。湾の形式により津波の波高はさらに増幅される。巨大津波に対抗するには、津波の波高に見合う倒壊しない強靭な防潮堤が不可欠となる。これは、岩手県田老町の防潮堤の壊滅的な被害からも明らかである。

　田老町は、明治三陸津波(1896年)には村のほとんどの家屋を失い、昭和三陸津波(1933年)には村のほぼ全戸が流出し、死者・行方不明者数は村の人口2,773人中911人(32%)の大惨事が発生した。そこで、全長1,350m、基底部最大幅25m、地上高7.7m、海面高さ10mの巨大防潮堤を1966年に築いた。

(a) 出入口が残り両脇の防潮堤は崩壊　　(b) 崩壊した防潮堤

(c) 防潮堤の背後地での被害　　(d) 防潮堤の背後市街地は全滅状態

図 4-4　田老町の被害

しかし東日本大震災では、津波の波高が防潮堤の高さを超えて防潮堤が約 500m にわたり倒壊し、市街は全滅状態となり、地区人口 4,434 人のうち 200 人近い死者・行方不明者を出した(図 4-4)。このことは、巨大津波の波高より低い防潮堤を築堤しても、巨大津波に対して無力となることを物語っている。

巨大な高さの防潮堤が海岸に沿って構築されると景観が壊されるという意見があるが、巨大津波に対して安全な居住環境を構築するには、以下の方法しかない。

(i)　最悪シナリオで予想される津波の高さに対応できる強靭な防潮堤を築き、津波の脅威を無力化する。

（ⅱ）巨大津波に対しては役立たない低い防潮堤を築き、住宅地区は高台に移転をして津波の脅威から逃れる。

（ⅰ）の場合、防潮堤の背後地は巨大津波に対してほぼ安全であり、津波が作用しても高台に避難できる時間を確保できる。したがって、防潮堤の背後地で地盤沈下が生じていても、盛土により元の街区に町を形成することが可能である。現在、不幸にも津波により街全体がほぼ壊滅状態であるから、将来の街を新しく作る都市計画を実施できる。巨大津波の高さに対抗できる防潮堤の高さは20m近くになる。場所によってはそれ以上の高さとなる。例えば20mとすると、5階建のビルが海岸線に沿って建設される高さとなる。

防潮堤の背後地は数m盛土をして全般的に高くし、防潮堤を取り込んだ景観に配慮した都市計画により巨大な防潮堤が立ちはだかる威圧感から逃れることができる。また、盛土の土は市街地の背後の山を取り崩すことにより、市街地を拡大することができる。防潮堤の一部を開放し、海との繋がりを残す方法もある。この場合、防潮堤の一部を開閉式にして巨大津波来襲時に完全に閉めることができる体制を構築することが大切である。また防潮堤に替えて、「提言-1」で述べた津波避難ビル群を建設し、津波の作用を低減する対策も考えられる。いずれの方法を用いても、防潮堤の背後地には津波の脅威を意識した対策は基本的に必要ない。

一方、（ⅱ）の場合、新たな街の都市計画を基に街全体を高台移転することになる。住宅のみが高台移転しても意味がなく、商業、産業基盤も高台移転することになる。東北地方の港町は、急峻な山々の裾に開けたわずかな平野に点在している。そのため、町全体が展開できる広大な高台は、山々を切り開いて宅地造成しなければならない。完成までには長い年月を要するが、何度も繰り返す巨大津波被害を根絶するにはそれほど問題ではない。

しかし、宅地造成は急激に進めても、盛土部分では地盤沈下するので、地盤が落着くまでは住宅建設はできない。この待ち時間は新しい街の誕生の時間であり、住民が共に工事の進捗状況を理解できるように、適切な情報発信に努めれば住民の心を引き留めておくことができる。新しい街作りは住民と密接な関係がある市町村（自治体）が窓口となり事業を推進するが、

住民の夢を実現するために共に努力している姿を自治体は積極的に発信する必要がある。

② 解説：構造物の崩壊

海中に設置される大型の防潮堤、防波堤等は海中にマウント（基礎）を砕石等で構築し、陸上のドックまたはフローテングドックの上で鉄筋コンクリート造ケーソンを製作し、それを海上に浮かせて曳航しマウントに設置する。次に、ケーソン内に砕石または砂等を挿入してケーソンが浮き上がらないようにする。

ケーソンとマウントとの間は緊結していないので、**図 4-5** に示すように津波による水平力 P とケーソンの自重 W との合力 F の方向が、ケーソンの重心とベース端 B とを結ぶ線より外側に出れば、ケーソンは転倒することになる。これは、墓石の転倒と同じであり、転倒した墓石の寸法を測ることにより、その地点で発生した地震の震度を調べることができる。

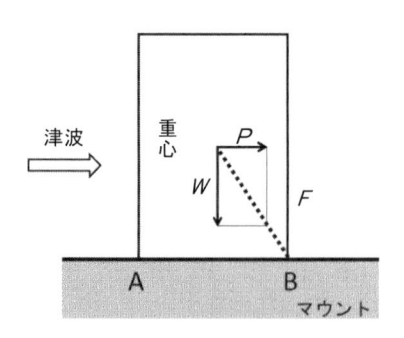

図 4-5　ケーソン式防波堤の転倒

津波が越流するとマウントの背後を洗掘するので、マウントを形成している砕石は流される。マウントが損傷すると、防潮堤はいとも簡単に倒壊する。巨大な湾口防波堤もこの現象により倒壊したので、現在ケーソンの背後のマウントを強化する対策が検討されている。

土木構造物は規模が大きいので、構造メカニズムをできるだけシンプルにして、その計算仮定を満足する施工法が用いられている。したがって、構造物は静定構造物が中心となる。しかし、想定値以上の津波が来襲した際、越流が発生することは予想できる。また、マウントは砕石または巨大なブロック等を積み上げて形成するが、マウントが一体化される（連結される）ようなコンクリートを打設していない。したがって、マウントを形成している砕石は個々に動くことができるので、越流による洗掘が発生する。コンクリートを打設してマウントを一体化することは、深い海中作業になることから施工に困難を伴うと考えられるが、マウント（基礎）の一体化は構造的観点からは必須と考えられる。

　水平力によるケーソンの転倒・浮き上がりを自重のみで防止する設計法は、想定値以上の水平力が作用すると基礎床面で浮き上がり転倒する恐れがあるので、ケーソンと基礎（マウント）を緊結するアースアンカー等が必要と考えられる。自然の力は予測できないから、基幹的な社会資本の設計には、想定値を超える荷重が作用しても安全に保つことができるフェイルセーフの対策が不可欠である。

　次に、構造物はなぜ崩壊するかについて簡単に触れておこう。いま、図 4-6 のように、柱の一端が固定され他端が自由な片持梁に横力が作用する場合を考える。横力（水平力）により片持梁は曲げられ、A 面は伸び、B 面は縮む。これにより、引張側には引張応力 σ_t、圧縮側には圧縮応力 σ_c が作用する。構造部材を構成している材料として例えば鉄の場合を考えると、応力−歪関係は、図 4-7 に示すように応力が降伏応力 σ_y を超えると塑性化を生じて伸びが大きくなり、歪が増加して崩壊歪 ε_u に達すると材料は破断する。このときの破断応力 σ_u は降伏応力 σ_y よりも大きい。

　材料内の応力 σ が降伏応力 σ_y 以内ならば、構造物は弾性状態であり、荷重を除荷すれば構造物は元に戻る。これに対して、降伏応力を超過した状態では材料は元に戻らず残留歪が残る。これを塑性と呼ぶ。鉄板をプレス成形して鍋を製作する場合、弾性領域内では鍋は成形できず塑性化が必要になる。鍋底のコーナーの曲がりを成形するには、塑性化した際の金属面の滑りを考慮した塑性加工の知識が必要になる。

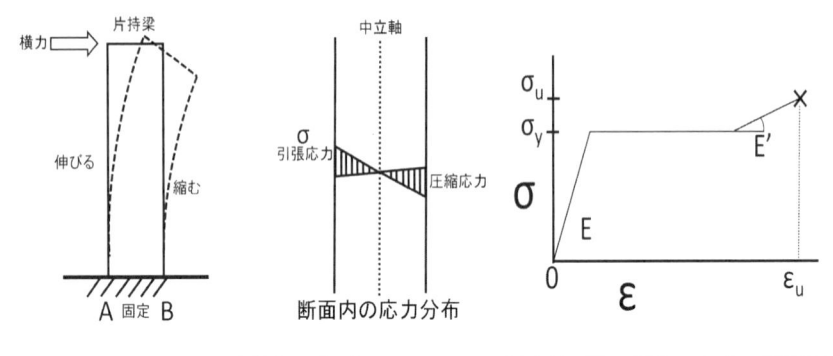

図4-6　片持梁の曲げ　　　　　図4-7　鉄の場合の応力－歪関係

　構造物は、外力が作用すると外力に見合う抵抗力を物体内で作り出して外力に抵抗する(図 4-8)。外力と等しい抵抗力を作り出した状態は釣合状態にあり、構造物は安定している。外力が大きくなるとそれに対応して応力が大きくなり、降伏応力を過ぎれば応力の増加が見込めないから、さらに歪を増大させて応力の増大を模索する。歪が限界歪に達すると、構造物は崩壊する。崩壊は、部材が外力の位置エネルギーを一瞬にして抜く釣合経路を取る場合である。

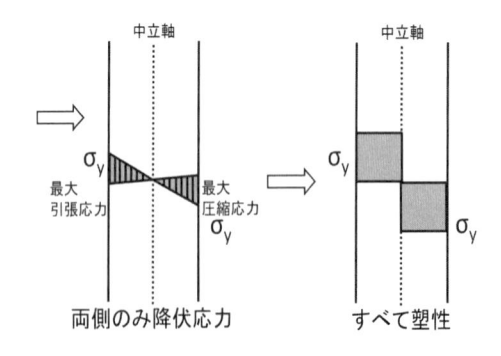

図4-8　曲げを受ける構造物の応力と終局時応力

部材の曲げによる応力は部材の両縁が最大であるが、応力が降伏応力σ_yを超えると、まだ降伏していない梁の中央部分の弾性応力状態の応力が荷重を負担し、荷重の増加とともに断面の両縁から中立軸へと順次降伏して、断面内の応力がすべて降伏した状態で終末を迎える。正に完全燃焼であり、大往生である。すべての構造物は、このプロセスで崩壊する。構造物の崩壊を回避するには、ある段階で荷重を除荷して、それ以上の荷重が構造物に作用しないようにしなければいけない。

防潮堤のような人命を守る構造物が崩壊すると、いままで支持してきた津波が一挙に背後地に流れ出すことになり、背後地の住宅等は流れてしまう。そこで、防潮堤は崩壊する前の状態(例えば、部材の両縁での最大応力が降伏応力になる降伏モーメント状態)から除荷機能を作用させて、防潮堤に作用する荷重を除荷することにより、防潮堤の崩壊を避けることができる。このような除荷機能を持った防潮堤は粘り強い構造物となる。

③　解説：墓石の転倒

地震の大きさは、被災地で発生した墓石の転倒により大きさを推定できる。直方体からなる墓石に、地震による水平力Pが作用する場合を考える。水平力Pは、ニュートンの法則により質量mと加速度αの積で与えられる。質量m(kg)は、墓石の重さW(N)を重力加速度g(m/s^2)で割った値である。加速度αを重力加速度gで割った値を震度kと定義すると、水平力Pは次式で表される。

$$P = m\alpha = \frac{W}{g}\alpha = kW$$

上式は、地震により生じる水平力Pは自重Wのk倍であることを意味する。地震の作用する方向を図4-9のようにする。

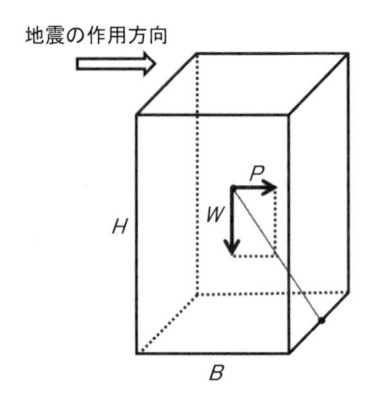

図4-9 墓石の転倒

　墓石の寸法を幅B、高さHと表すと、前述した図4-5のケーソン式防波堤の転倒と同様に墓石の重心（図心ともいう）より、重さWと水平力Pとの合力のベクトルが、重心と墓石の端部を結ぶ線に一致すると考えると、比例関係から、

$$\frac{kW}{W} = \frac{B}{H}$$

となり、震度kは墓石の幅Bと高さHとの関係より与えられる。

$$k = \frac{B}{H}$$

　例えば、墓石の幅Bが高さHの半分の場合、墓石が地震により転倒した際には震度$k=0.5$以上の地震が作用したことを意味している。また墓石の転倒方向から、地震がどの方向から来たのかも推定できる。現在は地震計が各地に設置されているが、台地など地震計が設置されていない場所で地震波が増幅されて局所的に大きくなる場合があり、そのような調査には、石柱等の転倒は重要な情報源である。

　広島に原爆が投下された爆心地にあるお寺の墓石が縦に真直ぐ割れている。この破断から、投下された原爆の威力を推定できる。阪神・淡路大震災後、日本建築学会の衝撃関係の小委員会の御世話をする機会があり、衝

撃問題について建築、土木、機械分野の研究者と熱い意見を交換できる機会があった。広島爆心地近くに宿泊することになり、お寺の墓石が真二つに割れていることを確認した。原爆により一瞬にして焼け野原になり多くの人々が亡くなられた悲惨な状況が脳裏に浮かび、近くに見える夕日を受けた原爆ドームが何とも物悲しく感じたことを思い出す。

原爆で亡くなられた人は9〜12万人と推定されるが、南海トラフ巨大地震では、それ以上の死者が予想されている。阿鼻叫喚の世界が広域に続く悲惨な状況である。

(3) **提言-3** 海岸防潮林における津波波力を低減するメカニズムの開発

海岸防災林の対策は、林野庁の「今後における海岸防災林の再生について」[4]でも指摘されているが、海岸防災林を防潮林に変更することを提案する。防潮林には、根張りの良い広葉樹を混植する等の植栽を変更する。植栽に際しては、厳しい自然条件の下で大きく育ち、かつ酸性雨に強い樹木が適している。防潮林に巨大な津波が勢いをもって衝突すると、防潮林は一撃でなぎ倒される。そこで、巨大津波の早い速度と波圧力を緩和するために、防潮林の前面および背面にチューブ形状の繊維袋に土砂を詰めた土塁等の設置が有効である（図4-10）。

防潮林は津波を堰き止めるのでなく、樹木間を通過することにより、津波の波力を削ぐことができる。しかし、浸水はするので、津波は緩い速度で背後を遡上する。この遡上した津波が重力の作用により引波となった場合、押波以上の力を発揮するので、防潮材背面にも土塁が必要となる。

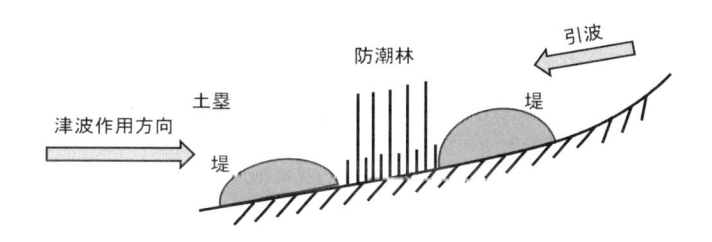

図4-10 海岸防災林の防潮林対策

一方、津波の威力を確実に低減させることが必要な部分は、比較的狭い間隔で鉄筋コンクリート造の柱を林立させる(図 4-11)。鉄筋コンクリート造柱の表面には、津波が通過するごとに表面に取り付けたリブを持つ円筒体が回転して、リブ付円筒体と鉄筋コンクリート柱の間の摩擦に加えて、津波とリブとの摩擦を増大させる工夫をする(図 4-12)。

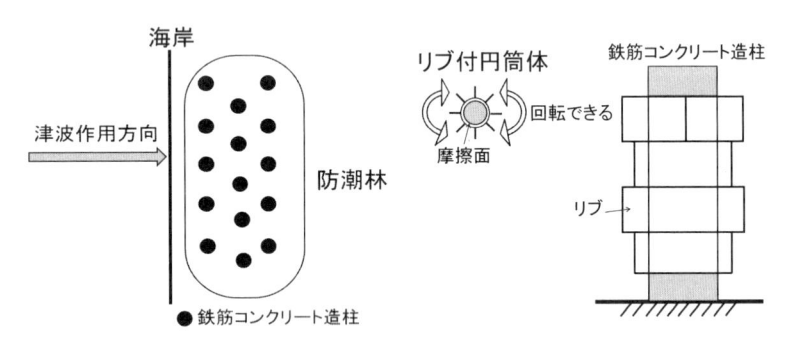

図 4-11　防潮林　　　図 4-12　リブ付鉄筋コンクリート造柱

このリブ付円筒体は、鉄筋コンクリート造柱に数個に分けて、各々が自由に回転できるようにする。この結果、津波が通過する際に、柱表面に取り付けたリブ付円筒体と柱との摩擦およびリブ付円筒体の回転による津波の分散等で鉄筋コンクリート造柱の表面で水の流れが乱流になり、津波のエネルギーを消散できる。このように、1 本の柱自体は津波エネルギーを消散できる量は少なくても、津波林に多数の柱を配置すると大きな効果を発揮できる。鉄筋コンクリート造柱の柱頭同士をワイヤーで緊結すれば、全体として粘り強い構造となる。前述した有孔遮水板を津波林の中に随所に配置するのも効果的と考えられる。有孔遮水板は津波林に作用する強風を弱める効果があり、津波林の成育に貢献する。

巨大津波が来襲した海岸防災林は、海水の塩分により枯れる。そのため、人工により土壌改良をして塩分濃度を下げて、新たに津波林を再生させる。

(4) 提言-4 地下街および地下鉄の津波対策

　都市部の地下街および地下鉄に巨大津波が作用した事例は未曾有である。地下街および地下鉄の大多数の利用者を短時間で避難させることは不可能なので、津波の浸水を止める遮水板を設置して浸水域を最小限にする。また、利用者が災害発生時に安全な区画と危険な区画を容易に識別できる表示システムを事前に確立し、広く周知させることが大切である。

　津波は進行する幅が急激に狭くなると波高が急激に高くなるので、地下鉄の出入り口に設置する遮水板の高さおよび強度は余裕を持たせる。一方、地下鉄構内に巨大津波が流れ込まない対策も必要である。もし仮に津波が遮水板を通過して流れ込んでも、津波の進行に耐える遮水板を適宜設置し、浸水域を最小限にできる対策が必要となる。

　地下鉄は、停電して途中で停止すると乗客の避難はできないので、運行中車両が停電しても、車両に備えたバッテリーまたはディーゼル走行で近隣駅まで運行できる技術を開発する。なお、南海トラフ巨大地震が発生した際、施設利用者および乗客がパニックにならないように、上述した安全対策・防災対策が十分に完備されて安全である旨を、大災害が発生する前に周知することも大切である。

(5) 提言-5 巨大津波に対する社会資本施設の連携体制の構築

　東日本大震災で立証されたように、津波が都市部深くまで浸水するのを阻止するには盛土工法の高速道路、鉄道等の堰堤が有効である。南海トラフ巨大津波に対しては、遡上した津波を分散させることが津波の波力を殺ぐのに有効である。そこで、都市部に位置する道路、高速道路、鉄道等の高架橋部分の下部を壁または盛土に変更して津波の進行を阻止できるようにする。

　同時に、それらの社会資本施設が一体となって、都市部に進行する津波の浸水域および浸水方向を制限する。この方法は社会資本施設の耐震化にも寄与し、災害に強い都市交通網の構築にも役立つ。また、大型商業施設、学校、公共施設等の植栽を津波の浸入を阻止する堤に変更し、地域の地形を有効に活用した津波対策を推進する。

都市の地形が、海岸線から離れていっても海抜が高くならない場合、津波が海岸線を超えると一気に都市の奥部まで到達し、都市の中心部を包み込むように海岸線の方向に回り込む恐れがある。このような地形の都市では、避難できる方向が津波により遮断されて甚大な被害を発生させるので、上述した方法を用いて、津波が都市に深く浸攻しないように、津波の進行方向と浸水域を変えることが必要である。

巨大津波対策として必要なことは、巨大津波の浸入対策と同時に引波対策である。津波の浸水を食い止めることができない場合、津波は陸上を遡上して掛け上り、速度がなくなる位置まで到達すると、浸水した水は重力により下方に流れ落ちていく。これが引波である。海岸線に直交する道路は、巨大津波の浸入路であり、傾斜があれば、引波は重力加速度を伴って速度を増すことになる。引波の量が増えると、重力の加速度を伴って大きな力となるので、引波を分断することが肝要である。そのためには、浸入した際の引波が時刻歴を持って遅い速度で引き返すように、浸水路を迷路化する等の対策が有効である。

近年コンピュータの進展に伴い、地形を精度良く解析できる津波解析ソフトが多数市販されている。これらの数値計算による津波解析を行うと、巨大津波に対して都市部の弱点となる部分をどのように改善すれば最も効果的かがわかる。このような数値計算を積極的に利用して、巨大津波に強い街作りをする必要がある。

(6) 提言-6 災害時の電力供給船の整備

非常災害時の発電を主務とする大型船舶の電力供給船の整備を提案する。電力供給船は、災害時に不足する電力を被災地で供給するために、発電所の機能を備えた大型船舶である。被災地にいち早く駆けつけ、不足する電力を供給する。災害時には発電を行い電力会社に売電する。

被災地では、被災した電力関係施設を復旧するのに電力が必要であり、これを供給する電力供給船は威力を発揮すると考えられる。電力供給船には大量の油を積み込むことから、エネルギー供給船として油の供給を同時に行えば合理的である。

東日本大震災では、電力各社が発電機能を失う事態となり、その応急対策において、電力法等の法律が障害となり電力供給を遅らせた事例がある。災害時に応急性の高い電力供給船を整備し、それを被災地近くの発電所に係留して電力供給しても、現在の法律では電力各社は一般の消費者に供給できない。被災した発電所を復旧させるための必要な電力にしか使用できず、供給された電力を電力会社が一般の消費者に供給できないという規制枠の中にがんじがらめに閉じ込められている。このような、細部にまで抜かりなく入り込んでいる規制を大きく見直す大胆な規制改革が必要である。

　そもそも法律は、想定した枠内で作成された対応であり、想定枠があまりにも小さいと規制が厳しくなる。時代の変化に対応して、想定枠を見直すことが必要である。想定枠に利権をむさぼる組織がいれば、これは論外であり、全面的な撤廃をすべきである。

(7)　**提言-7** 災害時に強い通信システムの開発

　耐震化と非常時の電源確保を実施して、災害時に強い通信施設を構築する。さらに、通信施設の高さを利用して、地域の災害状況を収集し、災害発生時の防災対策や救援・支援活動に役立てる情報収集機能の開発を提案する。停電が長期間続く場合、携帯電話基地局等のバッテリーを確保する必要がある。携帯電話基地局は全国各地に点在しているが、巨大災害時には広い範囲でメンテナンスが必要になるので、巨大災害時におけるメンテナンスの優先順位を決めておき、電力等のメンテナンスが必要な割合を少なくする。メンテナンスフリーな自然エネルギーの活用を積極的に推進する必要もある。

　近年携帯電話の普及により、固定電話および公衆電話が減少し、災害時の連絡は携帯電話が主となっている。巨大災害時は、通信回線の切断や携帯電話の使用制限から繋がらないことが多いので、通話時間を強制的に短縮して、多くの利用者に対するサービスを優先する。また、携帯電話の最大の弱点は充電を必要とすることであり、充電できる電力を確保する必要がある。車からの充電等ができるアクセサリーを利用者が準備することも有効である。小電力の活用により、携帯電話の充電ができる機能を避難所

に設けるべきである。

(8) 提言-8 災害時の避難勧告等の伝達手段の開発

東日本大震災では、津波の来襲に対して早急に住民避難を求める緊急避難放送が適切に伝達されなかった。緊急避難放送を適切に伝達するには、以下の3条件が必要である。避難を勧告・指示する情報の適切さ、十分な音声の明瞭度、音声から受ける心理的印象の適切さ。

南海トラフ超巨大災害は太平洋側の大都市に発生することから、対象としては、地理に不案内の不特定多数の施設利用者に対する建物エリア内外の放送と、地域住民に対する限定エリア内の放送に分かれる。また、大都市のビルが林立する空間では、地上で一斉に放送するとエコーが生じて聞こえないので、放送が重ならないようにする工夫が必要である。緊急情報の適切な伝達と受容は防災対策にとって重大な問題であり、特に、巨大地震発生から短時間で来襲する巨大津波に対する対策が必要である。

東日本大震災では、避難指示のメッセージを伝達する表現により、避難した人数に大きな相違があったことから、緊急を要する場合は命令形の表現を使うべきである。このとき、言葉は短くして、何度も繰り返すことが重要である。津波避難の緊急放送は音声でなくサイレン等の信号で知らせる。一方、最初に情報の重要性を認識させるには、サイレン等の信号を送り、特定のサイレンの音調は極めて緊急度が高いことを国民に周知するシステムが必要である。

防災信号は、広く国民全体がその意味を事前に理解していることが大切である。災害対策基本法第52条では、「市町村長が災害に関する警報の発令および伝達、警告並びに避難の勧告および指示のため使用する防災に関する信号の種類、内容および様式または方法については、内閣府令で定める」となっている。

緊急避難放送を聞いた人々が、安全な避難先に避難すれば問題は解決する。しかし、東日本大震災では津波の高さが避難所の高さを超えて多くの人々がなくなった事例がある。その中で、釜石市鵜住居地区防災センターについて述べる。

① 解説：釜石市鵜住居地区防災センターにおける津波被害

上記防災センターに関する被災調査報告書（中間報告書）が公開されている。それに基づいて、巨大災害に対する避難支援施設のあり方について私見を述べる。防災センターの概要を表 4-3 に示す。

表 4-3　釜石市鵜住居地区防災センターの概要

位　置	標高 4.3m　最寄りの海岸線まで約 1.2km 程度 鵜住居川から約 200m 程度
設置・運営主体	釜石市　平成 22 年 2 月 1 日開所
構　造	鉄筋コンクリート造 2 階建　2 階屋上へは通常上がれない。
建物の被災状況	2 階の屋上近くまで津波到達、全壊

報告書によると、防災センターに避難した人数は 244 名（平成 25 年 4 月 1 日現在　推計）であり、このうち生存者は 34 名である。実に 210 名の人が防災センターを避難所として選択し死亡したことになる。このような悲惨な状況を作り出した背景は、全国的にも共通する事項であるので、災害を繰り返さないために検討する。

第 1 点：過去の地震（明治・昭和の地震・津波）では浸水域である。
第 2 点：県の津波シミュレーションでは浸水想定区域外である。
第 3 点：防災センターが津波避難場所（一次避難場所）でないことを、市民に周知していない。
第 4 点：市民を対象にした防災訓練が防災センターで実施されており、市民は津波避難場所としても適合できる施設と理解していた。
第 5 点：「防災センター」の呼称は市民に大きな誤解を与えている。
第 6 点：屋上に避難できる機能を設けていない等、最悪シナリオに対する対策が不足していた。

以上のように、過去に津波が来襲した地域に避難所を設けて、それを市民が誤解を招く建物呼称としたことと、その利用形態に根本的な問題がある。このような悲惨な災害を繰り返さないためには、地域ごとの最悪シナリオを的確に把握することである。

② 解説：津波避難ビル

東日本大震災が発生した際の住民の避難行動が携帯電話、GPS等のビッグデータを用いて解明されてきている。これらの避難行動を発生させる、マスコミ報道による情報発信法における留意点を指摘する。

東日本大震災における津波被害の教訓に基づき、避難に適する高地が周辺にない場合、地域住民が津波から避難する際の安全な建築物として津波避難ビルが設けられている。津波避難ビルには、公共的な建築物以外にも民間の建築物の場合があるので、どの建物が津波避難ビルであるのかを容易に識別できるシステムが必要である。津波避難ビルには、図4-13に示すシンボルマークが示されている。地域の防災訓練に際しては、実際にどの建物が津波避難ビルであり、それを利用する際の方法について住民が実施体験をすることが不可欠である。

図4-13　津波避難ビルのシンボルマーク[5]

③ 解説：巨大災害時の情報伝達法

巨大災害時には、情報を的確にかつ簡潔に伝えることが重要である。近年デジタル化が進み、アナログ的な情報把握と発信ができなくなっているケースが多い。特に、地震が発生すると地震速報として、テレビに各地の震度が放送されるが、細かい情報が多すぎる。テレビ等で伝えられる地震速報は、大局的観点から速やかに情報伝達すればよい。例えば、東京地方、北関東などで十分である。

東日本大震災では、延々と続いた各地の震度の後で津波警報が伝えられるなど、情報の大局的把握と緊急に連絡すべき情報の精査がされていな

かった。緊急事態では、最初に大切な情報を言うことが大事である。また緊急放送は細部を捨て、大切な事を大局的に繰り返し伝えることが必要である。地震が発生すると、各地の震度をこと細かく延々と放送しているが、視聴者が知りたいのは、全体的な震度の分布であり、震度分布を示した1枚の地図(映像)で十分である。

余談になるが、天気予報で各地の温度を小数点1位まで表示してテレビで放送している場合があるが、それほど細かい数値まで必要なのかと思う。短時間で映像内容を理解する視聴者にとって不要な情報は必要ない。これもデジタル化の行き過ぎた弊害である。

④ 解説：特別警報

東日本大震災における巨大津波や、平成23年台風12号による紀伊半島を中心とする大雨では、甚大な災害が発生した。これらの災害に際して、災害発生の危険性を知らせる気象庁が発した警報が住民や地方自治体に伝わらず、迅速な避難行動に結びつかない事例があった。そこで、気象庁は大規模な災害の発生が切迫していることを的確に伝達するために、平成25年8月から「特別警報」を創設している。

注意報 ⇒ 警報 ⇒ 特別警報

特別警報の発表基準は、**表4-4**に示すように、極めて大きな災害の発生が予想されるので、「ただちに命を守る行動をとる」ことを緊急に伝える情報であり、災害の危険性がある地域住民は直ちに安全な対策を講じる必要がある。なお、特別警報は自治体や報道機関を通じて伝達される。

表 4-4 特別警報の発表基準[6]

現象の種類	基　準	
大雨	台風や集中豪雨により数十年に一度の降雨量となる大雨が予想され、もしくは、数十年に一度の強度の台風や同程度の温帯低気圧により大雨になると予想される場合	
暴風	数十年に一度の強度の台風や同程度の温帯低気圧により	暴風が吹くと予想される場合
高潮		高潮になると予想される場合
波浪		高波になると予想される場合
暴風雪	数十年に一度の強度の台風と同程度の温帯低気圧により雪を伴う暴風が吹くと予想される場合	
大雪	数十年に一度の降雪量となる大雪が予想される場合	
津波	高いところで3mを超える津波が予想される場合 (大津波警報を特別警報に位置づける)	
火山噴火	居住地域に重大な被害を及ぼす噴火が予想される場合 (噴火警報(居住地域)を特別警報に位置づける)＊	
地震 (地震動)	震度6弱以上の大きさの地震動が予想される場合 (緊急地震速報(震度6弱以上)を特別警報に位置づける)	

＊噴火警戒レベルを運用している火山では「噴火警報(居住地域)」(噴火レベル4または5)を、噴火警戒レベルを運用していない火山では「噴火警報(居住地域)」を特別警報に位置づける。

⑤　解説：鉄道の踏切

　避難経路が鉄道の踏切を通る場合は、特に注意が必要である。鉄道の踏切遮断機(自動式)は、停電時による無電源になると自動的に遮断機が降下する仕組みになっている。東日本大震災では、このシステムを知らない避難者(ほとんどの人が知らない)は、いつまでも待ち続けて津波による被害を拡大した。踏切の手前で先頭車両が停車すると、後続の車は踏切の遮断機が降下して停車しているとは考えず、前が渋滞していると解釈する。この結果、ますます避難者の車列が続き、大渋滞をして動きがとれない状態になる。

　一方、東日本大震災の教訓から、鉄道各社は巨大地震が発生すると列車を緊急停止し、その停止位置が津波被害の恐れのある地域ではドアを開けて乗客を解放することに決めている。巨大地震が発生して、列車が踏切遮

断機の感知範囲内で緊急停止したとき、列車が通電状態の場合には、踏切遮断機が閉鎖状態になる。踏切を通過して避難しなければならない地域は全国に多数あり、これでは避難ができなくなる。鉄道の踏切を大災害時にどのようにすべきかは急務の課題であり、国レベルで統一的な対応を定める必要がある。

　地域防災計画で決める避難路に踏切を通過する際は、鉄道管理者と地域自治体との間で踏切に関する取り決めが必要になる。基本的には、震度6以上の地震に対して、列車の走行は停止するので、通電状態にかかわらず踏切遮断機は開放状態になるように遮断機の改良が必要である。近年踏切遮断機の改良が一部実施され、停電時には開放する機種も導入されてきている。

　強い震度が発生した際は、列車に対する送電が停電時および通電時にかかわらず、踏切遮断機は開放し、鉄道運行会社は地震以後各踏切遮断機を確認して、列車を運行するシステム等を確立する必要がある。

(9) 提言-9 帰宅困難者対策

　2011年の東北地方太平洋沖地震では、首都圏において約515万人の帰宅困難者が発生(内閣府推計)した。この教訓を踏まえて、首都直下地震に備えて大量の帰宅困難者対策として、内閣府および東京都はガイドライン[7]を提示した。その基本方針は、一斉帰宅の抑制「むやみに移動を開始しない」を基本原則とし、施設内待機、備蓄の推進、家族との安否確認手段の確保等からなる。同様の検討が大阪でも実施されている[8]。これらの対策は、主に地震に対する対策であり、巨大津波が来襲した場合の有効性は検討の余地がある。巨大津波が来襲した際は、道路は津波の浸入路であり、多くの障害物が残され、泥水とヘドロが堆積するので歩行できる状態ではない。

　南海トラフ巨大災害では、帰宅困難者は中京圏400万人、京阪神圏660万人であり、両圏で1,060万人となるので、3日間移動を開始せずに施設内で待機すると、備蓄の物資では賄うことができない。また、3日目以降も移動を開始できる状況でないので、大多数の帰宅困難者は最寄りの指定緊

急避難場所に身を寄せることになる。発災直後は、大都市の主要ターミナルには帰宅困難者が過度に集中するので、近くの指定緊急避難場所はすぐに一杯となる。過度に集中した帰宅困難者を分散させ、点在する指定緊急避難場所にいかに誘導するかが大きな課題となる。

　巨大津波が浸入する地域によっては、高台での指定緊急避難場所(施設も含む)の確保が困難な場合は、浸水しない階を持つ建物を利用する。指定緊急避難場所には、帰宅困難者が最長一週間程度避難できる施設および備蓄が必要となる。また大災害発生時には、大学、高等学校、ドーム式野球場、スポーツセンター、武道館、公共および民間の体育館、ボーリング場などの大型施設を一時避難所として供用する旨の協定を、事前に締結する必要がある。

　一斉帰宅の抑制をしても大多数の人は公共交通手段を利用して帰宅を急ぐことになり、駅、バスターミナル等は大混乱となる。大多数の人が超過密状態になると、人の動きに追従して大群衆が移動する。その際、わずかの人が流れに追随できなくなると、そこが超過密状態となり転倒等が発生して群衆パニックを引き起こす原因にもなる。

　一度パニックが発生すると誰にも止めることはできない。そこで、駅、プラットホーム等の群衆が過密しやすい場所では、群衆を小さなブロックに分離する必要がある。どの程度の距離を離せばよいかは、明確に分離できていることが誰もが認識できる距離が必要であり、この距離としては、柱－柱の間隔(スパン)を目安にする。大都市での朝夕のラッシュ時においては、プラットホームに人が溢れる状態があるが、人の動きを安全にかつ効果的にするには、通路を確保して、乗客を分離することが必要である。

　同じことが工場の安全に関しても言える。事故が多い工場では通路に物を置く傾向があり、また通路を横断する配線、配管により不陸の場合が多い。安全通路を確保することは、人の流れを安全に動かすには必須である。通路が安全に整備され整頓された工場は事故が少ない。

①　解説：避難行動要支援者への対応

　帰宅困難者の対策として同時に検討すべき課題は、母子家庭または父子家庭、または両親が共稼ぎの場合、保護者となる親が帰宅困難者となると、親の帰りを待っている子供はさらに大きな被害を受けるので、最悪シナリオに対する子供の保護対策を確立する必要がある。家で待つ子供の年齢が小さいほど深刻になるので、就学未満児の子供に対しては、幼稚園、保育園での対応が必要となる。一方、就学児童は児童センター等を活用する。巨大地震での一時的に発生する事象に対して、現行の児童福祉施設が担う役割を早期に明確にする必要がある。

　「災害対策基本法」第49条の10では、「避難行動要支援者」として、災害が発生し、または災害が発生する恐れがある場合に自ら避難することが困難な者であって、その円滑かつ迅速な避難の確保を図るため特に支援を要するものと規定し、市町村長は「避難行動要支援者」に対して避難支援等（事前把握と避難の支援、安否の確認）を実施することが明記されている。そのため、事前に「避難行動要支援者名簿」を作成することが義務付けされている。

　法律面での整備は進んできているが、実効性において以下の問題がある。第1の問題は、保護者が帰宅困難者となった際に、当該子供が避難支援（保護）すべき子供として「避難行動要支援者名簿」に記載されていな場合、どのように対応するのか。第2の問題は、巨大災害が保護者と離れている時間帯に発生すると、子供達は幼稚園、保育園、学校、児童センター等の施設で親の帰りを待つことになる。「避難支援等関係者」は「避難行動要支援者名簿」を利用して「避難行動要支援者」に対して避難支援活動をすることになるが、当該要支援者である子供の所在を時間帯ごとに事前に把握しておく必要がある。

②　解説：歩きやすい靴

　東日本大震災後に実施された実態調査でニーズが高かったのは、徒歩で長距離を帰宅することから、ハイヒールに代わる「歩きやすい靴」であった。そこで、ハイヒールの高い踵を可変式にして、ハイヒールからローヒー

ルへの変更機能を持った靴を開発することを提案する。巨大災害時ではそんな悠長なことを言っていられないので、ハイヒールの高い踵を切断しローヒールにする加工機を開発し、コンビニ等に設置することも考えられる。

　発災前後での人の避難・救援行動は、過酷な状況下で手と足を用いて活動することとなる。そのため、靴メーカーが防災問題に積極的に関与する意義は重要である。巨大災害時でも平時と同様に快適な機能を発揮できる技術開発は、靴の新たな販路の開拓にも結びつくものである。

(10) 提言-10 救助ヘリコプターの活用

　巨大災害発生直後、被災地には多くの死者および負傷者が発生している。特に巨大津波が来襲した被災地は激甚であり、寸断され孤立状態の被災地では通信手段が失われて救助依頼ができない状態にある。道路は巨大津波が運んだ障害物で不通であり、車は津波に流され使用できない。このような悲災な状況での救援・支援活動には、ヘリコプターが最も有効である。

　救助は一刻も早い方が生存率が高いことから、発災から3日間にどれだけの人を救助できるかが最大の課題である。救助ヘリコプターがこの3日間で迅速な救援活動ができる運営体制を構築することが不可欠であり、これが救助ヘリコプターにしかできない重要な役割でもある。そこで、発災以後の初動救援活動における地方空港がどのような役割をしたかを調査し、防災の観点から地方空港の重要性を指摘した[9]。

　東日本大震災発生直後から全国の自治体が保有する救助ヘリコプターが、被災地の花巻空港（岩手）、茨城空港、大館能代空港（秋田）、山形空港、福島空港にいち早く駆け付けた。しかし、これらの応援救助ヘリコプターを管理する派遣先の防災部所に救助依頼が被災地からないために、初動対応期の重要なときに応援救助ヘリコプターに出動命令の指示がなく、多くの救援ヘリコプターの稼働時間が半分以上待機状態であった。

　もし、これらの救助ヘリコプターが発災直後からフル稼働できていれば、死者の数を少なくすることができたと言える。何故このような状態になったのかを、発災直後の応援ヘリコプターの運営体制について検討し、改善

法を提言する。

　第1点は、通常の救助活動が救助の依頼を受けて、それに対して迅速な対応をすることが主務であり、この「待ち」の体制が巨大災害発生時においても踏襲されていた。

　第2点は、巨大災害時においては、被災地では救助依頼ができないほど極めて厳しい状況であることの認識が不足していた。そのため、初動対応段階での積極的な情報収集を実施しなかった。

　第3点は、一部地域で実施した初動対応期での救援依頼情報を、その他の地域に利用する柔軟性がなかった。

　以上の理由により、発災直後の救援ヘリコプターが有効に機能しなかったので、その運営体制を改善する必要がある。東日本大震災の教訓として、初動時での積極的な情報収集の必要性が指摘されている。しかし、具体的な方針は国レベルでの統一した運用の基準が策定されていないので、以下の提言をする。

　巨大災害発災時は、「待ち」の体制でなく積極的に救助を展開することが重要である。また、巨大災害時では、一部の地域で発生している状況は、他の地域も同様かそれ以上の被災状況であると推定して、少ない情報を最大限に利用する柔軟な救援体制の構築が不可欠である。そのためには、救助ヘリコプターを管理する防災部署は、発災直後に救助ヘリコプターを速やかに発進させて積極的な情報収集に努める。

　その際の飛行ルートは、発災前の事前検討で取り決めた災害の発生の危険性が高いと予想された地点を含めた規定のルートとし、操縦士は災害の状況により規定のルートを柔軟に変更できることとして、被災状況をいち早くライブ映像にて地域防災拠点および防災部署に送信する。この結果、災害の状況をより正確に把握できるとともに、これらの映像を地域の防災拠点と情報共有することで、災害直後の初動体制の構築に有用な情報として活用できる。また、救援ヘリコプターの運用にも活用する。各自治体が保有する救援ヘリコプターは機種も異なるので、整備点検、操縦要員、地上支援要員、航空機燃料、管制要員、ドクターヘリ等の組織的な体制が確保できる空港を指定し整備する。

さらに、救援ヘリコプターが搭載している機器を事前に登録し、搭載機器に適した活動に使用する全国共通の基本的事項についてマニュアル化する。また、大災害時には多くの人々を同時に搬送する必要があるので、救援ヘリコプターが収容できる人数を多くできる新しい技術開発を実施すべきである。
　発災以後の経過とともに救助ヘリコプターの活動は、初動期の救援活動から搬送、支援物資の輸送へと時系列で変化するので、それに対応できる地上支援要員と救援物資の備蓄、荷作り等の確保が必要となる。

(11) 提言-11 災害時の救急医療体制の構築

　巨大災害時では極めて多くの死傷者が発生することから、有事での緊急医療が実施できる体制を構築する必要があり、病院の非構造部材を含めた建物の耐震化と室内の医療機器の耐震化を同時に促進する。また、巨大災害では負傷者が多数発生することから、外来ホール等に収容できる施設の整備が不可欠である。外来ホールの床仕上げは、水分等で滑らず、水分を容易に拭き取ることができる床仕上げとする。
　病院が津波浸水域にある場合は、1階部分が浸水し、外来機能および中枢機能が損傷を受けることから、病院機能を喪失することが考えられる。近年建設される基幹的新設病院等でも津波に対する対策が重視されていない事例があり、最悪シナリオを想定した津波に対する対策を強化する必要がある。
　自治体の基幹的病院の設計は指名競争入札（コンペ）が実施される場合が多いが、その際に提示される設計条件は、担当行政者が防災に対してどこまで最悪シナリオを考慮しているかで津波浸入等に対する考え方が千差万別となる。防災に関連する設計条件は、少なくとも「都道府県地域防災計画」または「市町村地域防災計画」と矛盾するものであってはならない。また、巨大災害時において医療機関の活動状況を地域住民および災害支援機関に情報発信できる体制も必要である。さらに、病院の耐震化と同時に医療スタッフが居住する付属棟の耐震化も実施する。
　最近の病院は電子カルテとコンピュータによる管理形態が進んでいるが、

長期間の停電時に機能できる体制として自家発電機能の充実と、それをカバーできる電力として地域の自然エネルギーまたは電気事業者(独立系発電事業 IPP、特定規模電気事業者 PPS)からの送電が考えられる。

災害時に役割を発揮する自然エネルギー(太陽光パネル)には、巨大地震に際しても有効に機能できるように、システム全体の耐震性の確保と、自然エネルギーを有効利用できる電力システムが必要となる。蓄電池機能がなければ、昼間発生した自然エネルギーは夜間に使用できない。一方、巨大災害時では、停電時でも患者の識別ができる全国共通(当面は病院ごとに対応)の診察券で、現金を持っていない患者でも医療行為が実施できるシステムが必要となる。

病院の電気室や空調機械等の設備関連室、調理・厨房等の給食関連室は地階に設置されているのが通例であるが、浸水対策が不十分であると、津波等による浸水により病院機能を喪失する。病院機能の確保に不可欠な設備関連部門は、津波の被害を受けない上階に設ける対策が必要となる。

大震災発生直後の救急車の運行は、道路が被災せずに通行できる状態でも大渋滞が発生するので、救急車の到着と搬送には多くの時間を必要とする。大災害発生直後の幹線道路、緊急輸送道路については車の進入を禁止し、走行中の車は左側車線を通行して、ランプウェイ等の出入口部分での駐停車を禁止するなどの対応が必要となる。また高速道路のランプウェイの出入口は、必ず左側に取り付けるなどの対応および規制をする。片側 2 車線道路では、ランプウェイの出入口が左側にあったり右側にあったりして、通常時でも混乱を発生している。統一した取り決めが必要である。

発災後初期 24 時間の災害医療は人命の救助に効果的であり、災害急性期に活動できる機動性とトレーニングを受けた災害派遣医療チーム DMAT(ディーマット)を重視すべきである。巨大津波が来襲した地域は激甚災害地であり、ヘリコプター以外では DMAT を派遣できないのでドクターヘリで出動することになる。

被災地域内では、多数の負傷者に対して数少ない医療チームで対応しなければならないので、特定の医療チームに過度に患者が集中しないように患者を分散搬送して効果的に初期医療体制を利用できる広域災害・救急医

療情報システム(EMIS)を活用する。そのためには、被災地内でインフラに依存せずにインターネット環境を確保できる環境設備の構築と、EMIS を県域を越えて広領域で活用する医療機関の数を増やすことが必要となる。また、これらの初期災害医療体制が有効に機能するには、それを統括し運用する頭脳機構を確立する必要がある。

　巨大災害発生直後は救急車の運行は不可能であり、重傷者はヘリコプターによる搬送が基本となる。ヘリコプターの着陸スペース、搬送ベッド、搬送方法、さらに、収容する救急病院が整備しているヘリコプター対応設備等の受け入れ体制を基準化する必要がある。また、救急処置では搬送に多くの時間を要することを前提にした治療を行う。さらに、発災直後の救急車による救助活動はできない状態を想定し、負傷者を現場で救急処置をして、搬送するまでの時間を安全に監視・保護すると同時に、次々と運び込まれてくる多くの負傷者に対する治療行為ができる簡易型のテント等の開発が必要である。

① 解説：医療トリアージ

　巨大災害時では、対応人員や医療物資等が通常時の規模では対応できないので、負傷者に対する緊急医療処置は負傷度合いにより区別される。負傷者の負傷度合いは、災害および救急時における医療トリアージにより大別される。日本では阪神・淡路大震災の教訓を基に、総務省消防庁によりトリアージ・タッグの書式が規格されている(図 4-14)。

　医療トリアージは 4 区分からなる。
- 黒カテゴリー0(死亡群)
  死亡、または、生命徴候がなく救命の見込みがないもの。
- 赤カテゴリーⅠ(最優先治療群)
  生命に関わる重篤な状態で一刻も早い処置をすべきもの。
- 黄カテゴリーⅡ(待機的治療群)
  赤ほどではないが、早期に処置をすべきもの。一般に、今すぐ生命にかかわる重篤な状態ではないが、処置が必要であり、場合によって赤に変化する可能性があるもの。

- 緑カテゴリーⅢ(保留群)

  今すぐの処置や搬送の必要のないもの。完全に治療が不要なものも含む。

搬送・救命処置の優先順位はⅠ→Ⅱ→Ⅲとなり、0 は搬送・救命処置が原則行われない。

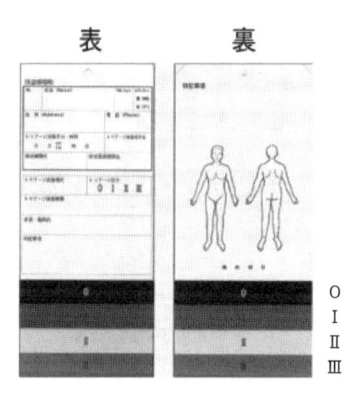

図4-14 トリアージ・タッグ[10]

この区分は、その現場の救命機材・人員の能力、搬送能力、搬送医療機関の能力、症状者の数等で相対的に変化し、絶対的基準があるわけでもない。すなわち、傷病者が多い状況ならば0に該当するカテゴリーは、余裕がある状態ならⅠに該当する。なお、トリアージ・タッグの色分けは、黒・赤・黄・緑の順に並んでいる色分けで、切り取られた色を除いた最も外側の色を示す。

(12) 提言-12 インフラの耐震性の向上と下水・ゴミ処理対策

インフラの配管関連の耐震化を推進する。地盤の液状化が発生した際に、全国で推進されている電柱の地中化の安全性を確認する必要がある。なお、水道本管等の地中に埋設する配管は加圧状態(使用状態)が長期状態なので、災害時の非加圧状態が長期間継続した場合の耐久性を検討する。

下水道施設は海岸線に近い場所に設置されるので、津波および地盤の液

状化による被害を受けやすい。下水道施設およびゴミ処理施設は代替え施設を確保できない極めて重要な施設であり、耐震性と津波対策が必要である。また、ゴミ処理施設は、巨大災害時には大量に発生するゴミと、それを収集する車両の運行が確保できないことから、機能できなくなる。

　震災ゴミは別の方法で処理したとしても、ゴミ処理施設の処理能力には余裕が必要である。ゴミ処理施設が機能するまでの期間、ゴミを真空パック化してゴミの容積を縮小して貯蔵する対策を提案する。また、大災害時に大量に発生する医療ゴミを処理する対策も同時に必要である。さらに有害薬液使用工場（メッキ槽等）の津波対策を実施し、地域に危険性を事前に伝達する。

(13)　提言-13　被災者の飲料水および食糧の確保

　数千万人の被災者が発生することから、指定避難所での体制作りに困難を極めることが予想される。また、避難所の収容人員を超える大量の避難者が来た場合は、避難所の利用者に優先順位をつけて避難所トリアージを実施する必要がある。避難所に収容された被災者は被災者台帳に所要事項を記入し、飲料水、食料、衣類の支給を受ける。

　巨大災害であることから、当初は、被災地では備蓄の食糧および水に頼らなければならない。備蓄量は3日分以上が奨められているが、最低1週間程度は救援・支援物資は来ないとすると、大量の備蓄が必要になる。

　特に飲料水の問題は重要な課題である。水は1人1日当たり3L必要とすると、被災者が3,000万人の場合1日当たり9万kLが必要になり、7日では63万kLとなる。9万kLは45m×45m×45mの樽に匹敵する水の量であり、これが毎日必要とされる飲料水である。断水期間を20日とすると180万kLとなり、備蓄に加えて被災地で水を確保できるようにすることが大前提である。そのためには、事前に飲料水として使用できる防災井戸を確保し、小口径で浅い井戸の場合は手動ポンプを、大口径の深い井戸の場合は手動と電動ポンプを取り付ける。また、河川から飲料水を作る造水機を設置する。井戸および河川の水源・水質管理と、災害時飲料用井戸の設置、飲料水を運搬する小型タンクを備蓄しておく。

避難所での飲料水の提供は、災害直後はペットボトルによる支給から、その後は小型タンクによる支給に変更する。炊飯の場合、飲料用の7倍の水を必要とする。ここで注意しなければならないことは、井戸は常日頃から使用して、メンテナンスを行う必要があることである。そのためには、井戸の活用が現在の生活スタイルに組み込まれる仕組みを考えなければならない。

　多量の飲料水をペットボトルで長期間備蓄するには、ペットボトル等の雑菌繁殖を防止できる機能を強化して、保存期間を長くする必要があり、食品メーカーの長期間保存技術の開発が求められる。

① 解説：供託制度の企業化

　南海トラフ巨大災害では被災者が極めて多数であり、巨大災害発生直後の水、食料、衣類等の支援をすべて公助で賄うことはできない。これをカバーするには自助であり、個人による供託制度を企業化することを提案する。

　供託制度の組織は地域に点在し、契約者を直接支援する地域供託支援拠点、複数の地域供託支援拠点を統括する市町村規模の市町村域供託支援センター、それらを統括する県域供託支援センター、さらに、全国的に統括する全国供託支援センター本部からなる。

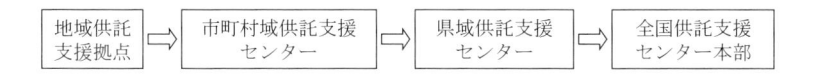

| 地域供託支援拠点 | ⇒ | 市町村域供託支援センター | ⇒ | 県域供託支援センター | ⇒ | 全国供託支援センター本部 |

　被災時の供託支援を希望する個人は、巨大災害発生時に必要な救援物資を提供する企業と災害発生前に契約し、救援物資を供託しておく。供託制度の地域供託支援拠点は、被災者が徒歩で行ける60分以内(約4.8km)に設けるとすると、概ね10kmごとに設置することになる。

　地域供託支援拠点では、事前に登録してある被災者に対して、被災者の罹災状況を把握するため被災トリアージを実施し、それに最適な救援・支援の飲料水、食料、支援物資を提供する。それらの物資は、罹災状況に応

じて数日から1週間程度の物資を小型軽量のアルミ製リヤカーで支給する。リヤカーは、回転することにより発電する発電機能を持ち、蓄電が可能であり、携帯電話を充電することができる機能を持っている。また、リヤカーは位置情報を把握できるGPS機能を備えている。

それらの装置は防水機能を持っていると同時に、すべての支給品がすべて有効利用できるように配慮してゴミを生じないようにする。リヤカーに積んだ救援物資は晴雨にかかわらずブルーシートで覆い、防水対策と盗難に備える。ブルーシート等は、被災時には多用途に活用できるように工夫する。一方、地域供託支援拠点では、リヤカーに搭載した位置情報により被災者がどの位置にいるかを把握できるとともに、被災トリアージの情報から被災者の管理ができる。もし、医療行為の必要がある場合、市町村域供託支援センターまたは県域供託支援センターから被災者の場所に医者等を派遣することができる。

南海トラフ巨大災害では被災者が極めて多人数であることから、公助は健常者を対象とし、弱者に対して十分な対応ができなくなる。そこで、乳幼児を持つ家庭、食物アレルギーを持つ被災者、高齢者等の弱者は、あらかじめ、供託制度で救援・支援を担う方がきめ細かな対応ができる。供託制度は民間レベルの商業ベースで実施されるので、利用者には経済的負担がかかる。上記弱者に対しては、公的支援の助成制度を活用できるようにすれば、多くの利用者を確保することができるので、個人の負担額も少なくなる。また、高齢者に対する供託制度は生命保険の一環として取り組むなどの配慮をすれば、多くの利用者が見込まれる。

この供託制度は、公助で支援できない人々を自治体に代わり救う制度であり、平時での活用と大災害時での活用を同時に担うシステムができれば商業化が進み、多くの参加人数を見込める。また、数カ所の地域供託支援拠点を統括する市町村域供託支援センターに罹災者を短期間滞在できる施設を設ければ、自宅が崩壊し行き場のない罹災者に対する民間契約の指定避難所として提供できる。

南海トラフ巨大地震では罹災者が極めて多数であり、公設の指定避難所では収容できない。特に、乳幼児、弱者、高齢者に対しては、要配慮者で

あるが「福祉避難室」を利用しなくてもよい程度の被災者を対象にした、民間による指定避難所に依存することが最良である。民間避難所に対する災害時の救援・支援体制を公的に助成する制度も検討すべきである。

(14) **提言-14** 被災地での乳幼児等の支援システムの構築

　過去の巨大災害では、被災者が多い場合、乳幼児および食物アレルギーを持つ被災者等に対する対策がほとんど対応できていないので、事前に健常者以外に対する実施システムを構築する。この対策として、上述した被災時の救援・支援を目的とした供託制度の利用と、それに対する公的助成制度による支援を提案する。

　平成25年8月内閣府から出された「避難所における良好な生活環境の確保に向けた取組指針」によると、食物アレルギーの避難者に配慮して、アルファー米等の白米と牛乳アレルギー対応ミルク等を備蓄することとし、食物アレルギー対応食品が必要な人に確実に届くように配慮することが明記されている。避難所が混乱した状況で具体的にどのように実行できるかは、各避難所の運営責任者を中心にした平時からの検討が必要である。

(15) **提言-15** 避難施設(体育館)の居住環境の改善

　被災者が大多数のため、避難所での生活はこれまでの大災害を遥かに超える長期間にわたることから、プライバシーおよび居住環境の改善が重要な課題となる。避難者は大都市特有の近隣関係の希薄に加えて、高齢者の増加、さらに、罹災の状況が異なる被災者等が集まることから、避難所運営の対策を事前にマニュアル化する。また、母子、アレルギー体質、女性等に対するきめ細かい対応が必要である。

　過去の大災害では、被災地における窃盗、強姦、避難所での暴力強姦事件が発生し、罹災者をより一層苦しめた。これらの対策として避難所では、夜間も照明を煌々として防犯対策に努めている。長期間の避難所の運営には、罹災者の女性を加えた運営が不可欠である。大規模な避難所に対しては、警察官が常駐またはそれに近い体制で運営することも必要である。避難所には罹災レベルが異なる被災者が同一の空間で寝起きを共にすること

から、罹災レベルと家族構成に配慮した配置と対応を考慮すべきである。

厳寒期でも避難所において最低限の生活ができるように、暖房対策と、自然エネルギーおよび自家発電等を活用した電力を早期に確保することと、トイレ、洗面、洗濯、ゴミ処理等の生活環境の維持・整備と衛生管理を実施する。避難所の運営には人手が必要であるので、被災者自身による活動と同時に、ボランティアの活動を支援できる基盤を構築する。

避難所には学校または自治体の体育館が一般に使用されるが、夏は暑く、冬は寒いなど居住性は極めて悪い。また、プライバシーがないことから、南海トラフ巨大災害では避難所での生活が数年継続するかもしれず、許容できる限界を超えている。本来、体育館が指定避難所に使用されることがわかっているのであるから、体育館の耐震改修と同時に、指定避難所としての居住性の改修を実施すべきである。

体育施設としてのアリーナはフローリング仕上げであるが、これが避難者にとっては劣悪な居住環境となる。**図 4-15** に示すように、断熱床シートをあらかじめ体育館の壁面に収納し、体育以外の用途に必要な折は引き出して使用できるようにする。

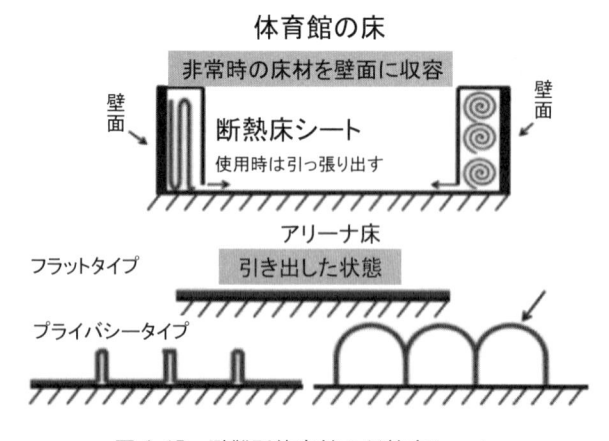

図 4-15　避難所体育館の断熱床シート

また、このシートに折り目を設けておけば、プライバシーが少しは保てる隔壁を設けることができる。しかし、隔壁の高さは避難所の安全にも関係するので注意を要する。避難所の改善に関しては、南海トラフ巨大災害では避難所の滞在期間が数年にわたる長期間であり、そこには極めて多くの被災者が収容されるので、最低限の居住性をいかに効率良く確保すべきかを考えることである。

① 解説：指定避難所の役割を明記

指定避難所は被災者に対する救援・支援をする基地であり、罹災手続き、生活関連物資の配布、保健医療サービスの提供、災害および復興に関する情報の提供を実施する。したがって、避難所は避難所に滞在する被災者および避難所以外の場所に滞在する被災者を対象とする。阪神・淡路大震災や東日本大震災では、やむを得ない理由により避難所に滞在することができない被災者に対して、十分な対応ができなかった教訓を受けて、災害対策基本法の改正で避難所の役割が明示された。また、平成25年8月内閣府から出された「避難所における良好な生活環境の確保に向けた取組指針」では、より詳細に指定避難所に対する運営方法が示された。

これらの努力の結果、避難所運営が改善されたが、問題はまだ解決されていない。その理由は、南海トラフ巨大地震では被災者が極めて多数であるため、指定避難所では被災者を収容できず、やむを得ない理由により避難所に滞在することができない被災者に相当する被災者が圧倒的であると考えられるからである。

避難所の運営は、避難所に収容できない多数の被災者に対する救援支援活動を、いかに効率的かつ長期的に継続して実施するかが重要な課題となる。従来の災害規模を遥かに超える大災害に対しては、被災者の県内および県外への避難を考慮した、広域一時滞在および都道府県外一時滞在を検討すべきであると考えられる。避難所の対応についても、最悪シナリオをどこに設定するかにより対策が基本的に違ってくる。

(16) 提言-16 被災地におけるアスベスト対策

　建築物の防火対策等にアスベストが利用されてきた。アスベストは今日規制されて使用されなくなったが、既存建築物ではアスベストを使用した建築物も多く存在する。特に鉄骨構造の耐火被覆材としてアスベストが多く使用されている。学校等の建築物ではアスベストの除去が実施されているが、中には除去せずに天井裏等に封じ込めて囲い込んだ場合もある。このような建築物では、建築物が被災するとアスベストが飛散する。

　南海トラフ巨大災害では、建築物等のガレキの中に多くのアスベストが含有し、風に飛ばされて地域全域に高濃度で空気中に滞在する。被災者および救援・支援者がアスベストを吸引すると、数年後に中皮腫を発症する。過去の大災害でもアスベスト粉塵の飛散は存在したが、大きく取り上げられなかった。

　これは、この問題を提起すれば多量のガレキ処理ができなくなることからやむやにされてきたのである。しかし、南海トラフ巨大災害では、多くの被災者と、それを救援・支援する関係者は、日本の全人口の70％以上となることからアスベストの危険性を事前に防除する対策は不可欠である。被災地には、アスベスト防塵マスクとアスベスト対応保護衣を備蓄する。これは、被災地と同様に救援・支援する地域も備蓄する必要がある。大量の備蓄が必要になり、個人による供託制度と企業化も必要となる。

　アスベスト対策として有効な方法は、備蓄したアスベスト防塵マスクがそれを必要とする人に迅速に配布されることと、ガレキ処理やアスベスト粉塵の場所で作業した人が、衣服に付着したアスベストを除去できる装置を、避難施設および救援施設等に設置し、いつでも稼働状態に保つことである。

　一方、アスベストを含有した建築物であることを、被災時に識別できるシステムを災害前に構築しておくことも必要である。それがわかるように表示義務を徹底し、被災した建物の解体・運搬・移動のマニュアル化も行う。また、被災地でのアスベストの定期的な計測と、その結果を公表し、アスベスト情報の共有化を行うことにより、アスベストによる2次災害を防止できる。

(17) 提言-17 生命探査技術を用いた被災者の広域的捜査法の開発

東日本大震災では、巨大災害発生直後は津波により被災した多くの人々が生きていたことが、携帯電話のビッグデータから明らかとなっている。巨大津波による負傷者は体が濡れており体温の降下が著しいので、負傷者を早期発見し救助することで死者を著しく少なくできる。

巨大津波の来襲後の被災地は、ガレキと泥で覆い尽くされた状態で、捜索隊が立ち入ることが困難な状況である。東日本大震災では、消防、警察、自衛隊による人海戦術で負傷者の捜索が行われた。早期に負傷者を見つけるために、捜索エリア内にいる被災者の携帯電話に、緊急地震情報のような発信をして、その受話音または振動音、または、受信の際に発信できる位置情報等を限定されたエリア内の捜索隊に何らかの方法で伝えることができるシステム開発を提案する。負傷者の応答、または、その限定した地域内にいる人が持っているか、あるいは、かつて持っていた携帯電話の位置を、捜索隊が持っている器材のGPS地図上にプロットできれば、人の存在位置を特定できるので捜索は迅速になる。

一方、生存者の体温や臓器の動きを検知して存在場所を特定できる、生命探査技術を用いた広域的捜査法の開発を提唱する。被災直後から始まる死傷者の確認作業に、無人ヘリコプター等を用いた機動力と、生命探査技術を用いた科学的探査による重点的捜査により、死傷者の悉皆捜査は迅速化する。この作業が終了しないと、重機によるガレキの処理ができない。

(18) 提言-18 膨大な災害廃棄物の処理法の開発

南海トラフ巨大災害で発生する災害廃棄物は、表3-7に示したように、3億1,000万トンになることが内閣府中央防災会議により示されている。この膨大な量は、廃棄物の$1m^3$当たりの重量を1トンと概算すると、仮置場として幅100m、高さ20mで災害廃棄物を積み上げた場合、長さ155kmもある膨大な長さになる。高さを20mに積み上げるには、山形をするので、最大頂上は30m程度が必要となる(図4-16)。

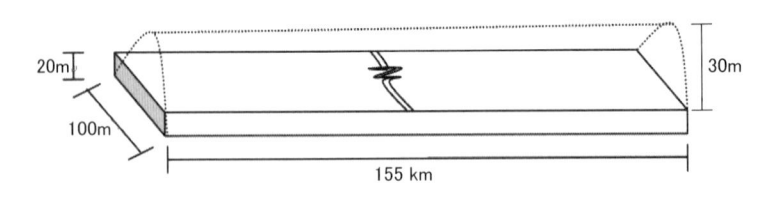

図 4-16　災害廃棄物の量

　これは目前に巨大なビルが立つのと同様であり、長さは名古屋―静岡間の新幹線の距離が 180km であることから、極めて長いことが理解できる。災害廃棄物の 1m³ 当たりの重量が 0.8 トンの場合、仮置場の長さは 193km となり、名古屋から静岡を越える太平洋側の海岸線をほぼ埋め尽くす巨大な壁の災害廃棄物である。この膨大な災害廃棄物を処理しなければ、次の復興の道は開けない。また、災害廃棄物を長時間放置すると粉塵、自然発火、害虫、悪臭等が発生して、人の健康に大きく影響することから迅速な処理が求められる。

　東日本大震災で発生した災害廃棄物の量は 2,000 万トンであり、東北地方の海岸線近くに高く積み上げられた災害廃棄物は分別処理されている。分別処理はほとんど手作業であり、災害発生後の地域振興策としての雇用に貢献するが、南海トラフ巨大地震では災害廃棄物の量は 15.5 倍であることから、このような人的処理は時間がかかりすぎるため復興が遅れることになる。また、処理時に発生する健康被害の危険性も増大する。膨大な災害廃棄物の処理方法として、分別処理を実施せずに粉砕し、セメントで硬化させて、コンクリート製の円筒柱に挿入して閉じ込め、復興の要となる建設資材として活用する等の技術開発が必要となる。

　新しい製品技術の開発には、膨大な災害廃棄物を速やかに処理し、復興に不可欠な建設資材として多用途に使用されることを念頭に置くべきである。多量のストックがあると、本来の目的である膨大な災害廃棄物の処理に支障をきたすことになるので、大量に使用される用途への製品開発、例えば、災害廃棄物を挿入したコンクリート柱状体を、新しく設置する防潮

堤の基礎部の建設や津波林の構築に必要な支柱に使用することなどが考えられる。

(19) 提言-19 被災地の安全対策

南海トラフ巨大地震発生直後から、警察による救援・支援活動の対応が急増することに加えて、道路の損傷等による道路障害が発生し、パトカー等の機動力が使用できないなど警察機能が急激に低下するので、広範囲に発生した被災地の治安維持活動が手薄になる。南海トラフ巨大地震では多くの罹災者が発生し、各自の被災状況は多種多様である。親兄弟を亡くした幼い子供もいれば、すべての財産を失くし茫然自失している人も多くいる。巨大津波が来襲したあとは、阿鼻叫喚すらできないほどの泥沼地獄である。このように大混乱状態での被災地において、被災者がどの人に相談すればよいかが明確に識別できるシステムが必要である。

我が国は、近代国家になってから関東大震災、阪神・淡路大震災、東日本大震災と多くの巨大災害を経験したが、防災対策として検討すべき新たな課題は、警察機能が低下した時点での被災地における防犯対策の確保である。罹災者の中には自棄になり窃盗、被災婦女子へのレイプ、暴力行為等の犯罪行為が過去の大震災で発生している。さらに、混乱した被災地に乗じて犯罪を目的に被災地に入ってくる非罹災者も多くいる。これらの犯罪は、九死に一生を得た被災者に大きな心の傷をさらに負わすことになる。「日本人は大災害時で困窮状況でも理性的で毅然たる態度をとる」と報道されているが、一部の人々にとっては大きく異なっている。

南海トラフ巨大地震では、被災者が 6,000 万人近くの大多数となることから、広範囲で壊滅的被害が発生している状況では罹災者は以前の生活を取り戻す復旧への足掛りは皆無の状況であるので、被災地の安全・治安を確保することは重要な課題となる。この問題については、検討が不十分であると考えられる。そこで、以下に被災地での治安について提言する。

第 1 は、被災直後の被災地および避難所において、罹災者が信頼して相談できる人を容易に見いだせるように、救援・支援関係機関の担当者は制服またはゼッケンを着用すること。

これは、被災地に入る救援・支援者が警察、行政、自衛隊、民間支援団体の職員であることを明示するために制服にゼッケンを着用し、罹災者が容易に識別できる体制を構築することにある。罹災者から相談を受けた担当者は必要に応じて、本人の所属機関、個別認識番号、部署、氏名等の連絡先を明記したラベルを渡すなどして、罹災者から相談者に後の問合せができるようにする。ゼッケンの表示は低学年児童でも読み取れるように、以下の表示と明確な色分けが考えられる。

　　　警察　　　　⇒　　「けいさつ」「POLICE」
　　　消防　　　　⇒　　「しょうぼう」
　　　行政　　　　⇒　　「ぎょうせい　〇〇市」
　　　自衛隊　　　⇒　　「じえいたい」
　　　病院　　　　⇒　　「びょういん」
　　　民間委託者　⇒　　「きゅうえんいたく」
　　　報道機関　　⇒　　「ほうどう」

ゼッケンには前面および背面に上記の表示を大きく記し、夜間でも視認できる工夫をする。自衛隊員は目立たないように迷彩服を着用しているが、巨大災害時での救援・支援活動では、目立つ制服にする。一方、巨大災害時の救援・支援活動を補佐する民間委託者には、民生委員、警察 OB、消防 OB、病院 OB 等の防災関係者を事前に教育して、多くの人数を確保する必要がある。これらの人々は救援・支援活動ができる立場でなく罹災者となる場合もあるので、多くの人数を育成しておく必要がある。民間委託の場合、指揮・命令権と対応マニュアル、職務上発生した損害に対する保障等を国が責任をもって明確化するシステムが必要である。

　第2は、大災害発生後の被災地に関係者以外の立ち入りを一定期間禁止すること。

　大震災発生直後の数日間は、警察の活動は多忙を極めることから被災地の治安が手薄になる。過去に発生した大災害でも、罹災者以外の一般人が被災地に立ち入ると、救援・支援活動に支障を来たし、不法者によって被災地の治安が侵される。我が国は治安の良い国であり、国民の大多数が被災する状況では、互助の精神で苦しみに耐え復興意識を高揚させる誠実な

国民性を持っていると考えられてきた。この判断は大多数の国民に対して通用できるが、すべてでない。一部の人々による不法行為が過去の大災害でも発生し、罹災者を苦しめてきたことは事実である。南海トラフ巨大地震では、被災地の治安・安全対策を確保するために関係者以外の被災地への立ち入りを一定期間禁止する措置を取るべきである。

　第3は、被災地に発生する治安状況および避難所での共同生活における身の守り方を防災教育に取り入れること。

　従来の防災対策は、災害からいかに生き延びるかを教育してきた。被災後九死に一生を得て生き延びた婦女子が、被災地および避難所で犯罪の被害を受けるケースもある。被災直後、家族・身内と離れて1人になった際に救援・支援をどの人に相談すればよいのかを、前述した「提案1」について教育する。次に、避難所での長期にわたる共同生活での身を守る事項について教育する。被害を受ける立場の人が自らの安全について最大限の注意を払えば、犯罪の発生は減少すると考えられる。

　被災地および避難所での婦女子に対する安全対策は、事前に積極的に検討され、それを対策に具体的に取り込むことが必要不可欠であるが、これについての防災対策は見当たらない。

　一方、婦女子の服装も被害と密接に関係すると思われるので、犯罪を招かない色彩とデザインを備えた大災害時に着用する衣服の開発を衣料メーカーにお願いしたい。婦女子の性的被害を防止するには、ツナギの服装にするとか、上衣とズボンが危険時には一体となるようにできる等のアイデアが考えられる。このような安全服が開発されれば、平時においても婦女子の職場でのユニフォームに使用され、女性が活躍できる場が飛躍的に拡大する。今後人口の高齢化に伴う労働人口の急激な減少を防ぐには、女性の参入が不可欠であり、衣料メーカーは安全服の開発を積極的に推進してほしいと考えている。

　犯罪の発生を抑止する避難所の環境設備と運営についても、婦女子の立場からのアイデアや提案が反映できる防災対策が有効であると考えられる。それには、婦女子が参加できる防災対策をみんなの力で手作りすることも大災害時の復興の大きな力となる。

(20) 提言-20 維持管理を容易にする軸力系構造形式の推進

　社会資本施設の老朽化が進み、どのように維持管理をするかは大きな問題である。高度経済成長期に集中的に整備した施設の老朽化が全国的に進行している。この現状を受け、国土交通省は「国民の命を守る」観点から社会資本の戦略的な維持管理・更新を推進することを目的に、平成25年1月「社会資本の老朽化対策会議」を設置した。また、インフラの老朽化対策に関し、関係府省庁が情報支援および意見交換を行い、必要な施策を検討・推進するため、平成25年10月に「インフラ老朽化対策の推進に関する関係省庁連絡会議」を設置した。

　社会資本の維持管理・更新に関して当面講ずべき措置は、「現場管理上の対策」「現場を支える制度的な対策」「長寿命化計画の推進」からなる。具体的には「現場管理上の対策」では緊急点検を実施し、基準マニュアルを見直し施設状況を把握して、維持管理に関する既存技術の活用や新技術の導入を進める。一方、「現場を支える制度的な対策」としては、予算、体制、法令等を整備する。老朽化した状態に南海トラフ巨大地震が作用すると、構造物に設計以上の過大荷重が作用して亀裂等が発生・拡大し、老朽化をますます進展させることになるので、社会資本施設の老朽化対策は急務の課題である。

　社会資本の老朽化で留意しなければならない事項として、構造設計法が軸力系でなく曲げ系で設計されていることが老朽化を促進している。ヨーロッパでは古くから軸力系の代表格であるアーチを用いた構造形式が橋、水道、門などに用いられてきた（図4-17）。アーチ構造は部材に発生する力は軸応力であり、断面内の応力はほぼ一様に分布する。

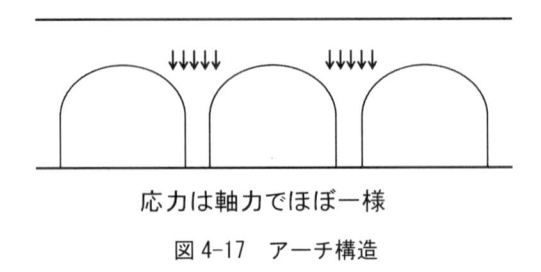

応力は軸力でほぼ一様

図4-17　アーチ構造

一方、柱－梁を用いる架構式構造は曲げ系である。曲げ系は元来、木材資源が豊富な風土に育った構造形式であるが、軸力系は木材資源が豊富でない風土で、石材、レンガ等を用いて組積造で構造物を造る手法である。曲げ系の最大の長所は、大きなスパンを大きな断面の部材を用いて架構できる点にある。しかし、断面内に発生している応力の分布は、図 4-18 に示す梁の場合、梁の下側が引張応力で、梁の上側が圧縮応力である。

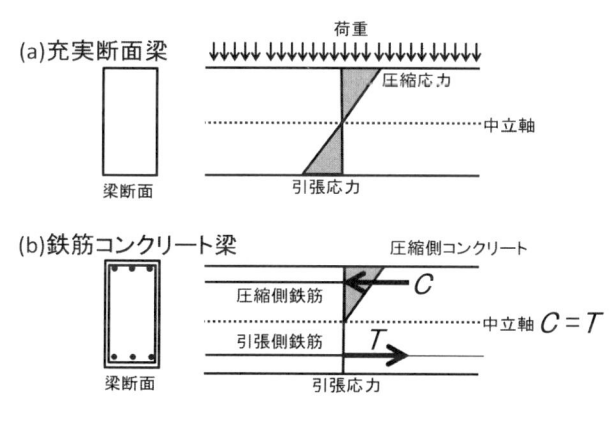

図 4-18　梁の曲げによる応力分布

断面内の曲げによる応力分布は線形(直線)分布をしていて中立軸で 0 である。したがって最大応力は梁の上下縁に発生し、中央部分は小さい応力状態である。つまり、構造物は両縁の応力で支持されている贅沢な(不経済な)構造形式である。

構造部材が鉄筋コンクリート造の梁の場合、コンクリートは引張応力をほとんど期待できないので、引張には有効ではないと考える。したがって、断面内の圧縮側の内力 C は、中立軸より上側にある圧縮側のコンクリートと圧縮側に配筋されている主筋とのそれぞれの応力の合計となる。一方、引張側の内力 T は、引張側に配筋されている鉄筋の引張力に等しい。梁の場合、圧縮力 C と引張力 T とは等しくなければならない。引張側鉄筋は被りコンクリートで被覆され、コンクリートのアルカリ性により鉄筋の発錆

を保護されている。地球上に無限にあり、かつ、安い建設材料であるセメント、骨材、鉄を用いて巨大な構造物を作ることができる鉄筋コンクリート構造は、すばらしい構造である。

　しかし、老朽化により被りコンクリートに亀裂が入り、また、コンクリートが空気中の炭酸ガス等によりアルカリ性を失う中性化、さらに、骨材が反応するアルカリ骨材反応等が発生して、被りコンクリートの被覆が破れると鉄筋は急速に発錆し、発錆に際して鉄筋が膨張する。この悪循環が発生すると加速するので、引張側の鉄筋の断面が小さくなり突然梁が崩落する。この崩落状態でも損傷を受けているのは引張鉄筋であり、その他の断面は損傷を受けていない。曲げ系で架構の耐力を負担する構造形式は、すべての部材を使い切っていない不経済な構造形式である。

　鉄筋コンクリート梁は、初期に発生するクラック等に対するメンテナンスをしないと維持管理は有効でない。ダメージが進行した段階では、引張側鉄筋の配筋等の大規模な補修が必要となる。社会資本の老朽化は大量なストックが一度に発生することから、その対策には大きな投資が必要となる。今後建設される社会資本施設においては、メンテナンスを考慮した構造形式を検討すべきであり、維持管理が容易で合理的な構造形式である軸力系の設計法を採用すべきであると提案する。

　今日社会資本の老朽化が深刻となってきたのは、設計方針があまりにも合理主義に走り過ぎたことも大きな要因である。長期間にわたり社会資本の基盤となる構造物には、構造物にとっても応力変動が少ない構造形式を採用すべきである。

　現在、国土強靱化基本法案が検討されているが、社会資本の設計にはメンテナンスがかからない構造形式の採用を含めるべきである。メンテナンスは必要不可欠であるが、それが占める割合が大きくなれば構造物を新規に建設する予算に制約を来し、新しい時代の変化に対応した技術の進歩が望めない負のスパイラルに入ることになる。

① 解説：固定荷重と積載荷重の違い

　四国から北陸に向けて車を運転していると、前方に大きな庭石を積んだトラックが走行していた。トラックの車体重量は 20t（この数値の記憶は定かでないが）、積荷の重量は 20t と記されていた。その 1 台前の同じ会社のトラックは空荷であり、2 台が前方を走行していた。車体重量を軽くすれば燃料代が安くなるが、ある程度の車体重量がないと積載荷重とのバランスが悪いのかなと思考しながら、単調な国道をトラックの後ろについて長い時間走行した。

　大きな重量の荷物を載せて制御するには、積荷の重さと同程度の自重が必要なのかと思った。大人が乗っている自転車の荷台に子供を乗せてもふらふらしないが、子供が乗っている自転車に大人が乗るとふらふらする。自転車の運転の上手下手は別として、自分の重さ以上の物を載せると制御が困難になるのかと自問自答した。この妄想めいた考えが脳裏の片隅にあった。

　ところが、昭和 56 年北陸地方は豪雪で、北陸育ちでない筆者は無限にある雪との毎日の戦いに最初は楽しみを抱いたが、最後の方ではうんざりした。この豪雪で多くの建築物が崩壊したが、多くは鉄骨造建築物であり、鉄筋コンクリート造建築物の被害はほとんどなかった。両方の建築物は同じ構造設計法をしているのに、なぜ鉄骨造建築物のみが崩壊するのかという疑問が生じた。

　両建築構造物の顕著な違いは、固定荷重の大きさにある。鉄骨造建築物の自重(固定荷重)は鉄筋コンクリート造建築物の 1/10 程度である。建築物を施工すると、構造物には建築物の固定荷重(自分の重さ)が最初に作用し、これは建築物が存在する限り永久に作用する。その意味で固定荷重を死荷重(dead load)と呼ぶ。

　一方、積雪による積雪荷重や机、本箱、事務機器等の物や人間を含めた荷重は積載荷重として扱う。積雪荷重および積載荷重は活荷重(live load)とも呼ばれる。死荷重(固定荷重)が作用して構造物に保存的な応力が発生した状態に、活荷重(積載荷重)が作用して応力が付加される(図 4-19)。

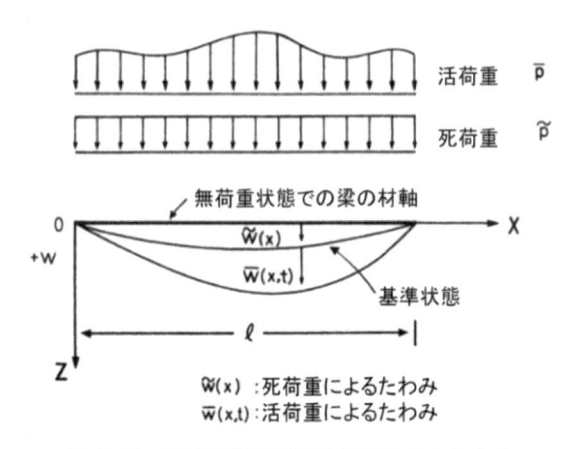

図 4-19　死荷重と活荷重を受ける梁のたわみ

　今日の構造物に対する設計法では、死荷重により構造部位に発生している保存的な応力(初期応力に相当する)が、活荷重が付加する際になす仕事を無視している。そこで、死荷重による保存的応力のなす仕事を考慮した理論を提案し、死荷重の重い構造物ほど、活荷重による影響を少なくできることを明らかにした。この効果を「固定荷重(死荷重)による変動抑止効果」と定義した。梁および平板について、静的問題、自由振動問題、強制振動問題、さらに、移動荷重問題について展開し、最初の数編を伝統あるASCE(米国土木学会)のJournalに論文を投稿した[11)～13)]。

　この新しい理論展開に対する論文の査読結果が分かれて、ASCEは論文審査を一段上の上級審査会で検討し、その結果採択された。論文が1990～1991年に出版されると、この新しい発想に賛同する研究者が続出し、筆者と同じ考え方を陰に持っていたことを記す論文も展開された。筆者の展開は先駆的研究であったので、閉型の解析解を提示することにより、死荷重の変動をどのように抑止できるかを陽に示すことにした。また、崩壊に対する安全性から、自重が軽い構造物に対する設計荷重の見直しを目指していた。1996年には、筆者の理論を用いて有限要素法で筆者の解析解の妥当性を検証してくれる論文等がASCEに発表された。

研究を完成させるには、1つのことを集中的に展開する必要があるが、死荷重と活荷重の役割の違いに着目した筆者の研究は萌芽的研究であり、主要な事項に対する理論展開を論文に発表した[14]〜[16]。この問題に対する究明は基礎理論の展開で終了し、著者は研究の新しい着想に研究者としての生き甲斐を持っていたので、当時バブルで建設される超高層ビルを簡易に解析する研究に移行した。

叙述が長くなったが、ここで述べたいことは、**社会資本施設のメンテナンスを少なくするには、活荷重による影響を少なくして、構造物に作用する繰り返し変動を少なくする**ことである。そこで、死荷重の大きな構造物ほど、活荷重による変動を受けないことが、前述した死荷重による変動抑止効果である。したがって、軸力系で設計した構造物は一般に死荷重が大きく、活荷重による影響が少ないことから、長期間にわたり使用することができる。これが、今なお使用できる中世に建造された社会資本施設に通じるとも考えている。

(21) 提言-21 高層集合住宅の火災対策

関東大震災では、地震により発生した火災が大火災に発展し未曾有の被害を生じ、多数の死者を出したことは第2章で述べた。近年大都市では高密度化した土地利用が進み、集合住宅やオフィスビルはますます高層化されている。超高層ビルの増加により、ビル内で火災が発生しても消防自動車のハシゴ車が届かない高層および超高層集合住宅が多く建設されている。

高層ビルおよび超高層ビルのオフィスビル等では、火災に対してスプリンクラー等の消火設備が設置されているが、火災対策としては、防火戸により防火区画を設けて一定時間火災の延焼を遅らせる対策である。これは居住者等の人命を守るための避難時間を確保することを目的にしていて、火災を消火するには一部自動消火装置等が使用される場合があるが、基本は人手による消火活動である。

上記防火戸による火災の延焼防止は室内では有効であるが、火災が室内で大きく燃え上がると、窓ガラスが破損する。窓ガラスの破損により室内の火災は外部の空気が新たに供給されるので火勢は強まり、室内で燃えて

いた火炎が窓から外部に一気に吹出て、直上階の窓へと火勢を加速させて、直上階からさらに直上階へと、順次延焼していく。この延焼速度は極めて早く、当初の火災発生階から直上に位置する各階が窓を通して延焼していくので、瞬く間に、高層ビルまたは超高層ビルの全階へと延焼する。このような延焼に対しては、建物内部での防火戸等による防火区画は役に立たない。しかし、外壁面に庇を設けると、窓を通した火災の延焼を防止できる効果がある（図 4-20）。

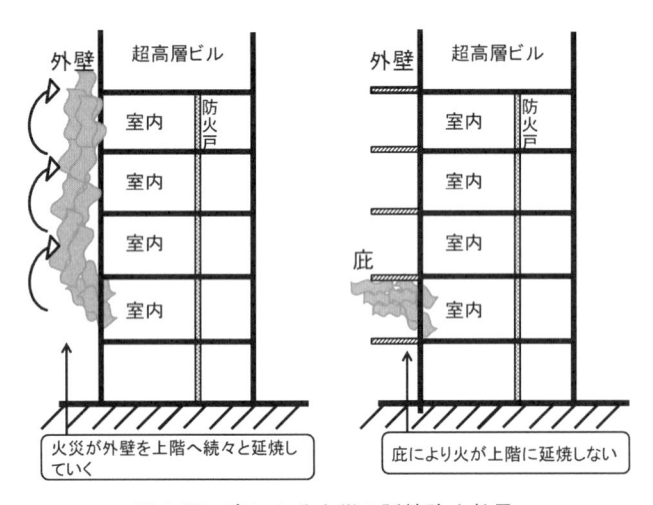

図 4-20　庇による火災の延焼防止効果

　庇があると、外壁ガラス面の清掃を行う際、清掃作業に使用するゴンドラの降下上昇に支障となるので、ほとんどの高層ビルおよび超高層ビルの外壁面は庇を設けず起伏のない面となっている。特に、外壁面が大きなガラス面で設計されている超高層ビルでは、窓を通した火災の延焼速度が早くなる。このような外壁面に庇を設けることができない高層ビル等では、窓面の垂れ壁と腰壁を火災に強い建築材料で設けることにより、火災が窓を通して直上階に延焼するのを遅らせる効果がある（図 4-21）。

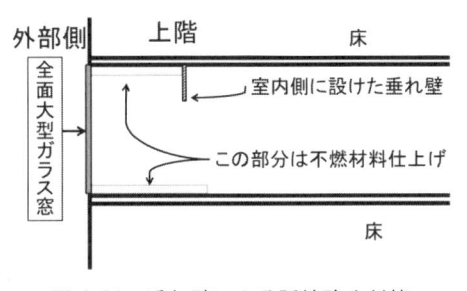

4.2 超巨大災害に有効な防災対策の提言 203

図 4-21 垂れ壁による延焼防止対策

一方、外壁面が全面大型ガラス窓の場合は、火炎が窓を通して上階に延焼するのを防止するために、窓面の室内側に垂れ壁を設ける。垂れ壁は室内の天井面を伝ってきた火炎が窓面に到達するのを遅らせることができると同時に、庇がある場合と同様の効果を発揮できると考えられる。

上記した外壁面の庇や室内側での延焼防止の垂れ壁を常時設けることができない場合は、火災発生時にその機能が作動するようにすればよい（図4-22）。

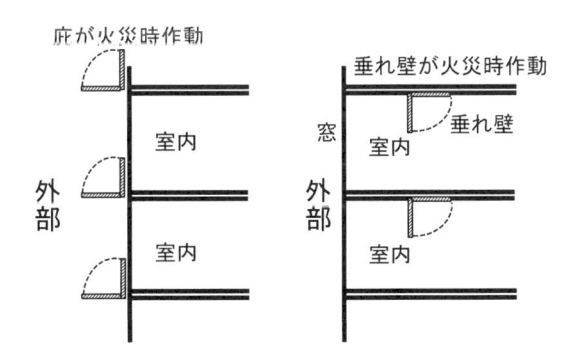

図 4-22 庇および垂れ壁が火災時作動

火災が発生していない通常の状態では、庇や垂れ壁は収納されていて、火災報知機による火災の検知と連動して庇や垂れ壁が降下して現れる。さ

らに、フェイルセーフの観点から庇や垂れ壁が自動的に作動しない場合、それらを収納している止め金具が火災の温度に素早く溶けて、装置の重力作用によりおのずと作動することにすれば、このシステムの信頼性は増加する。庇は各階に設ければ効果的であるが、数階ごとに設けても効果がある。なお、ここで提案する防災対策は、より詳細な実験をして新しい技術として実用化されることを願っている。

　南海トラフ巨大地震では、高層集合住宅が林立する過密都市に巨大地震と同時に巨大津波が来襲するので、火災が発生する危険性は高い。高層住宅・超高層住宅で火災が発生すると、上階に加速的に延焼して大火災となる。特に、大災害発生時は住民または消防による消火活動は期待できないので、放任火災状態になり、火災発生階より上階の住民は避難できなくなる。火災がフラッシュオーバー状態になると火勢が猛烈となり、延焼速度が速くなるのでなおさら避難できない状況になる。さらに、隣棟間距離が少ない高層ビルの場合、隣の高層ビルへと飛火し、火災が拡大して、過去の大火災を遥かに超える激甚災害となる恐れがある。関東大震災の陸軍省被服廠跡で発生した焼死者の多くは、大群衆が火炎を避けるため跡地内を右往左往の大移動をして焼死したが、それ以上の事態が超高層集合住宅群で発生する可能性がある。

　それを避けるためには、巨大地震が発生したとき、直ちに火を消して避難行動をとる習慣を身につけることが大切である。さらに、火災発生の危険性がある器具には、地震時での振動等を感知して自動的に消火する装置を義務付けることが最も効果的である。近年、ガスレンジ等では、振動を感知すれば、燃焼中のガスの火が自動で消火する機能を備えた器具が販売されている。

　巨大地震時に住宅からの出火を防止する対策は、石油ストーブ等に反映され進歩してきているが、まだまだ出火原因となる暖房器具等は新しい技術開発を必要とする。同時に、防災対策として開発された新しい技術を積極的に取り込んだ火災に対する安全対策を義務化する取り組みが不可欠である。また、使用者または購入者は、出火の恐れのある器具が地震時どのような出火防止装置を持っているかを熟知することが肝要である。

防災対策の観点から新しい技術開発に基づく商品は、グローバル化が進んでいる社会では、世界に向けた新製品戦略として活躍できる。

参考文献
1) 石油連盟ホームページ：「精製能力一覧 201311.pdf」をもとに作成
2) 濱田政則：液状化の脅威、岩波書店、2012 年
3) 松冨英夫、首藤伸夫：「津波の浸水深、流速と家屋被害」、土木学会海岸工学論文集、41 号、pp.246-250、1994 年をもとに作成
4) 東日本大震災に係る海岸防災林の再生に関する検討会：「今後における海岸防災材の再生について」、2012 年
5) 国民生活センターホームページ
6) 気象庁ホームページ：「特別警報の発表基準について」をもとに作成
7) 首都直下地震帰宅困難者等対策協議会：「首都直下地震帰宅困難者等対策協議会最終報告」、平成 24 年 9 月
8) 大阪市危機管理室、大阪府政策企画部危機管理室：「大阪駅周辺における大規模災害時帰宅困難者対策検討会報告書 Ver.2」、平成 24 年 3 月 29 日
9) 宮村壽、髙畠秀雄：「大規模災害の初期救援活動における地方空港の役割について」、日本建築学会、東日本大震災 1 周年シンポジウム、pp.523-526、2012 年 3 月
10) 千葉県船橋市ホームページ
11) H. Takabatake :"Effects of dead loads in static beams", Journal of Structural Engineering, ASCE, Vol. 116 (4), pp.1102-1120, 1990.
12) H. Takabatake :"Effects of dead loads on natural frequencies of beams", Journal of Structural Engineering, ASCE, Vol. 117 (4), pp.1039-1052, 1991.
13) H. Takabatake :"Effects of dead loads in dynamic plates", Journal of Structural Engineering, ASCE, Vol. 118 (1), pp.34-51, 1992.
14) H. Takabatake :"Effects of dead loads on dynamic analyses of beams", Earthquake and Structures, Vol. 1 (4), pp.411-425, 2010.
15) H. Takabatake :"Effects of dead loads on static analyses of plates", Structural Engineering and Machanics, Vol. 42 (6), pp.761-781, 2012.
16) H. Takabatake :"Effects of dead loads on dynamic analyses of beams subject to moving loads", Earthquake and Structures, Vol. 5 (5), pp.589-605, 2013.

第5章

日本海側地方の防災対策

　日本海側地方は太平洋側地方と比較して地震の影響が少なく，津波被害が生じないので、被災した太平洋側都市の救援・支援をすることになる。最悪のシナリオは，巨大災害が厳寒期に発生した場合である(第3章の参考文献 8)参照)。この時期は日本海側地方には降雪があり、豪雪状態では救援・支援に支障を来す。したがって、救援・支援の最悪シナリオとしては、この豪雪時に被災地の助力なしに救援・支援が主体的に実施できる防災対策が日本海側地方に要求される。

　最初に、救援・支援に際して対応すべき防災対策の基本方針について述べる。次に、南海トラフ巨大災害に対して、具体的にどのような対策をなせば効率良い防災対策ができるかを提言する。

5.1　救援・支援に際しての防災対策の基本方針

(1)　救援・支援ができる防災対策

　日本海側都市の防災対策として、自らが被災せずに救援・支援体制が迅速にできる防災対策が要求される。したがって、現在検討されている自らの地域のみの安全・安心が達成される防災対策では不十分であり、救援・支援を見据えた数倍もの余力を持った防災対策が必要となる。南海トラフ巨大災害の被災地は太平洋側の地方に発生するので、どの地域をどのルートで救援・支援するかはあらかじめ決めておく必要がある。

　南海トラフ巨大地震の最大震度分布(図3-3 参照)から、被災が少ない地方は九州北部地方、山陰地方、北陸地方、東北地方である。東北地方は東

日本大震災で壊滅的被害を受けているので、当面は十分な救援・支援はできない。被災地方と救援・支援を担当する地方との関係は、概ね次のようになると考えられる。九州北部地方は九州南部地方および四国地方を、山陰地方は中国地方の救援・支援が中心となる。関西圏や中京圏を救援・支援するには山陰地方は遠すぎるので、北陸地方が救援・支援することになる。一方、首都圏は関東北部の北信越地方が中心となり、東海地方を含めた救援・支援となる。

　人口の移動は、概ね特急列車の本数に比例するので、日本海側から太平洋側および瀬戸内海側へのアクセスと支援体制とは密接に関係してくる。**表 5-1** に被災地と救援・支援地方との概ねの関係を記したが、国が指導性を発揮して事前に取り決めるべきである。

表 5-1　被災地と救援・支援地方との関係

被災地	救援・支援地方
九州、四国	九州北部
中国	山陰
関西、中京	北陸
静岡、神奈川、東京、千葉	北信越

　東日本大震災では、救援・支援に関する事前の取り決めがないことから、自治体同士の親密さで支援活動が実施された。このことは、国が決定する前に迅速な対応が実行されたことは評価できるが、基本的には自治体間の親密さに基づいているので、全体としてアンバランスな対応となった。特に、受け入れ側の自治体が壊滅的な被害を受けた場合、受け入れ側の意思決定が遅れて、自治体間の対応ができない欠点を持っている。南海トラフ巨大地震は自治体間の親密さで対応できるスケールではないので、国が指導性を持って遺漏なき対応を災害発生前に取り決めるべきである。

　日本列島は細長く、背に相当する地域は急峻な山々からなり、平野は太平洋側と日本海側とに分かれている。そのため人の交流は、主として平野が横糸的に隣接する地方同士が主体的であり、太平洋側地方と日本海側地

方との交流は少ない。近年交通手段が発達してきているが、やはり太平洋側地方同士、または日本海側地方同士を繋ぐ横糸的な流れが中心であり、日本列島を縦断して繋ぐ縦糸的な流れは少ない。このような歴史的交流を打破して、表5-1に示した縦糸に重点を置いた自治体間の交流を促進することが、南海トラフの防災対策では必要となる。このことにより、物流の流れも変わり、産業基盤も変わる。

なお、救援・支援に際しては、前述したように、被災地のアスベスト汚染に対する対策が必要である。

(2) 救援・支援の緊急輸送道路の確保

人口が多い被災地を人口が少ない地方都市が救援・支援するので、迅速な救援・支援には、最低限、陸路による輸送手段の確保が必要である。最近の研究によると、深層崩壊は北側の斜面で発生する可能性が高いことが指摘されている。これは日本列島の形成がフィリピンプレートや太平洋プレートにより移動してきた山々が互いに重なり合うことにより、北側斜面には深層崩壊を生じやすい断層が形成されるためである。

最近、国土交通省から発表[1]された深層崩壊の跡地密度を見ると、日本海側地方(特に北陸地方)から太平洋側地方へのルートは災害時に閉鎖される恐れが大きい。災害に強い救援ルートの確保と同時に、救援・支援の担当地域は災害時に使用する救援ルートの防災性能を考慮すべきである。なお、救援ルートには深層崩壊を発生させる経路があるので、救援・支援を見据えた新しいルートの開発も必要である。

主要幹線国道の耐震性の確保が全国的に進められているが、明治以降近代国家として急速に開通した元来の国道は、竣工当初の人力による土木施工が中心であり、急峻な山肌にしがみつく箇所も多くある。特に、太平洋側と日本海側とを結ぶ縦糸的なルートは地形的に厳しい場所であり、耐震性に脆弱な箇所が多いので、狭隘区間の広幅員化やバイパスの整備をする必要がある。在来の主要国道よりも高速道路の方が一般に耐震性があるので、縦糸的な主要幹線道路としては高速道路を考えるべきである。

現在設置されている高速自動車道路のルートで、南海トラフ巨大災害時に対して日本海側から太平洋側(瀬戸内を含む)へのルートを考えると、日本列島に沿っての横糸的ルートは多いが、縦糸的なルートは少ない。例えば、北陸から救援・支援に活用できるルートは極めて少ない。特に、中京地方と北陸地方を結ぶ東海北陸自動車道は災害発生時には重要な緊急輸送道路になるが、片側1車線の対面道路であり、早期に片側2車線化する必要がある。国難状態を考えた立場で、高速道路の検討をすべきである（図5-1）。

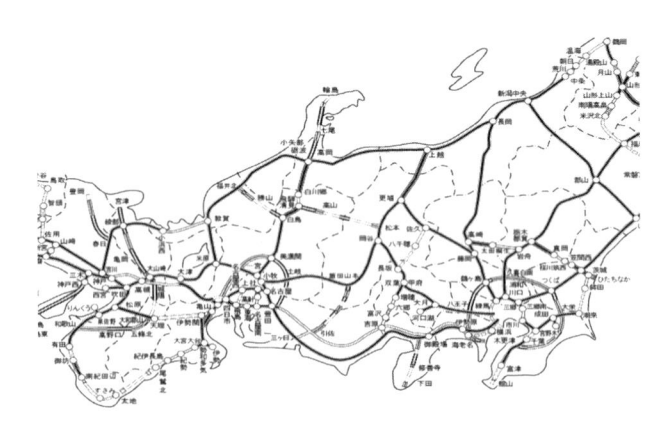

図 5-1　高速道路網[2]

基本的に救援・支援物資と人の流れを考えて、ルート的には港 ⇔ 防災支援センター(備蓄基地) ⇔ 空港 ⇔ 高速道路との流れが重要であり、自衛隊による支援活動は不可欠であることから、自衛隊とリンクしたルートの確保と整備が必要である。

(3)　大量輸送手段の確保

救援・支援は、大量の物資と人材を数年間継続的かつ長期間にわたり実施することになる。日本海側地方の少ない人口で太平洋側の多くの被災人口を救援・支援するには、現在の輸送手段では不可能であり、救援・支援物資を大量かつ連続的に輸送できる新しい手段と同時に、それらの物資を

供給できる体制の構築が必要になる。パイプライン、ケーブルカー、新幹線等の大量輸送ができる輸送システムを、日本海側地方と太平洋側地方を直結するルートに数カ所設けることが有効である。防災に強い確実な輸送システムを構築し、日本海側から太平洋側に必要な物資が滞ることなく流れることにより、被災住民の不安を解消し、早急な復興が可能となる。

前述した救援・支援の緊急輸送道路網の整備は、支援物資の流れを考慮して決定する必要がある。緊急支援物資は、陸路および海路から来る。特に、継続的に大量輸送手段としての海路が占める支援は大きいので、港を整備し、海路から陸路へ系統立てて物流が流れるルートを常に念頭に置くべきである。また、大量の物資を貯蔵し、それを仕分ける作業ができる防災支援基地の整備をする必要がある。

ここで話は横道に逸れるが、日本の道路は国際規格の大型貨物トレーラーに対応できていない。道路幅や交差点での回転半径、さらにトレーラーの重量を支える橋梁等が規格に適さないことから、運送能力が限定されている。主要港と防災支援拠点を結ぶ道路は、国際規格の大型貨物トレーラーが走行できるようにしたい。また、その途中に工業団地や物流団地が併設されれば、世界の流れに負けない物流態勢を構築できる機会でもある。

防災対策は従来の流れを防災の観点から見直す機会であるから、防災のみでなく今後我が国がどのように戦略的に生きていくのかの視点も同時に検討する必要がある。多面的観点からの問題提起と、それが成就した際にどのように進展していくのかを十分見据えた取り組みが不可欠である。

(4) 救援活動の基盤構築

被災地での救援・支援活動が効率良く達成されるには、それらの活動をする人々の生活基盤と、活動の源となる食料、衣料、医薬品、メンテナンス、油等のエネルギーの確保が必要である。これらの補充物資は、被災地近くで確保される方が効率的である。補充物資を備蓄および送り出す基地の設置場所は、被災する太平洋側地方と救援・支援する日本海側地方との事前の打合せを実施して、被災しない安全な場所から最適地を決定する。

これらの基地にはヘリコプターが利用でできることと、物資輸送に際しては各地の空港網と連携した活動が不可欠であり、総合化した取り組みの検討が国レベルで実施されるべきである。また、長期間にわたる救援・支援は、被災地の状況に対応した支援を実施するので、被災地のニーズを情報公開し、支援活動を円滑に実施する組織（司令塔）が必要である。これらの行動は、災害発生前に設定した最悪のシナリオに従って、被災側と支援側とで長期的プランについて取り決めておく。

以上の基本方針を補足する事項として、超巨大災害に有効な防災対策について以下で提言する。

5.2 超巨大災害に有効な防災対策の提言

(1) 提言-1 鉄道による大量輸送の構築

数千万人以上の被災者が生活するための物資を、大量かつ長期間にわたり継続的に輸送するには鉄道が最適である。巨大地震に対して在来線の耐震性の確保は困難であり、新幹線の利用を考える。新幹線は在来線と比べて耐震性が高く、路線全体で同じレベルの耐震性を保持し、在来線よりも高速運転ができる。過去の巨大地震では、新幹線は架線および高架橋に損傷が発生したが、現在高架橋、駅、トンネルについては100％の耐震化が進んでいることから、新幹線を用いて巨大災害時に貨物輸送ができるようにする。

日本海側を走行する新幹線では、南海トラフ地震により発生する地震の震度は5程度であるから、巨大災害発生以後も、新幹線施設の補修なしで新幹線を運行できる。

また、災害地を救援するために、新幹線と連携して運行する列車が使用する在来線区間の耐震性を強化し、巨大災害発生以後も速やかに運行を可能とする。災害救援には、耐震性が強化された区間を、電力の代わりにディーゼル走行ができ、災害救助に適した多用途災害救援車両を用いて、フリーゲージトレイン（軌間可変電車）による新幹線と在来線を活用した鉄道による救援支援体制が効率的である。なお、フリーゲージトレインは車

輪の間隔を変えて線路幅が異なる新幹線と在来線の相互乗り入れができるので、北陸新幹線の敦賀開業時に導入が検討されている。しかし、北陸新幹線は東海道新幹線のバイパス機能であり、一刻も早く米原まで延伸し、東海道新幹線と一体化させることは防災対策にとって有効である。

多用途災害救援車両は大量輸送に特化した荷揚げおよび荷降ろしを短時間に実施できるコンテナ等を搭載できる車両とし、食料品の輸送ができるように、冷蔵・冷凍機能を搭載した車両を備える。車両基地には、多用途災害救援車両の活動を整備・支援する防災支援基地を設置する。また、多用途災害救援車両には、高度な緊急医療設備を備えた病院車両を整備し、ドクターヘリとの連携機能を備えた多用途車両を開発する。

防災支援基地が活動するには、多量の救援・支援物資を長期間にわたり送り出せる輸送支援体制の構築が必要である。救援・支援物資の流れるルートを確保するためには、主要港および高速道路から防災支援基地まで大型トレーラーが通行できる道路に整備する必要がある。さらに、空港とのアクセスを考える必要がある。巨大災害発生時は、空路での支援と物流が迅速に対応できるよう、地方空港を含めた空港網の物流の流れを整備する。

図 5-2 に、我が国に設置されている空港を示す(図中の●印が空港を示す)。全国的に点在するが、縦糸的に不足する幹線道路網を補足するように設置されている。航空機による緊急救援物資および支援する人材等の輸送は、被災地までの途中の経路の被災にかかわらず、点と点を結ぶので迅速な対応ができる。継続的に物資を輸送するためには、地方空港にも防災支援倉庫と支援基地の設置が有効である。被災地にある空港のうちでは、名古屋(中部国際空港セントレア)、大阪(関西国際空港)、高知(高知龍馬空港)、大分空港、宮崎空港が被災して使用できなくなるので、代替空港としてどの空港を使用するかをあらかじめ決定しておく必要がある。

東日本大震災では、多くの空港に被害が発生した。平成 24 年 3 月現在の全国の空港の耐震化は 57% であり、耐震性の向上が求められる。

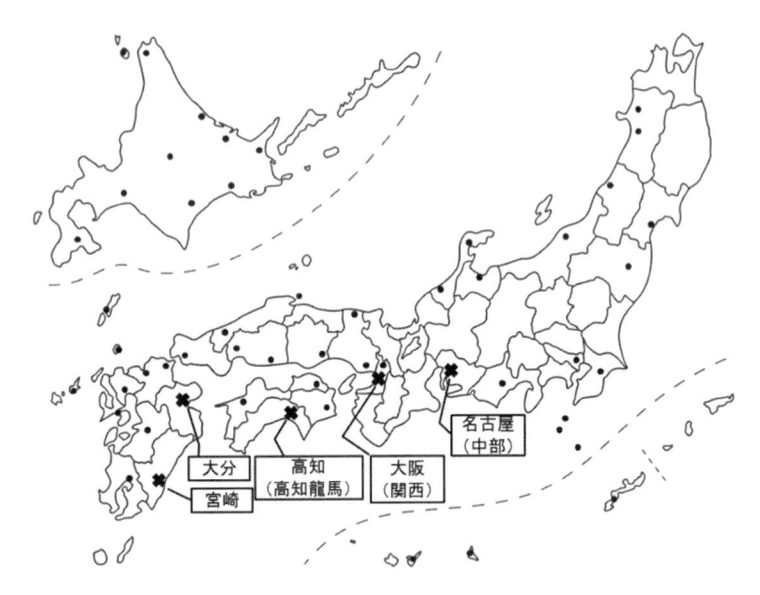

図 5-2　南海トラフ巨大地震で使用不能となる空港

(2) 提言-2 大型救援物資の輸送

　被災地に大量の救援物資を輸送するため、緊急輸送道路（主要幹線道路）を確保する。そのためには、当該道路の支障となる事項に対するハード的対応として、道路側面の表層および深層崩壊の防止、橋梁・高架橋・信号等の耐震化を促進する。

　一方、ソフト的な対応としては、災害時の停電状態でも機能する信号機として、小型電力やソーラーで発電した電気を備蓄できる 24 時間稼働のソーラー蓄電型信号システムの開発、さらに、緊急・輸送車両が交差点を停車することなしに迅速に通過できる信号システムの開発が必要となる。

　大型救援物資の輸送を実施するには、物資の供給・備蓄の確保、作業員の確保、作業員の災害地での居住環境および作業環境の確保（油、電気、水道など）が必要であり、これらを一体化させたシステムの構築が不可欠である。また、救援・支援活動は被災地の被災状況と救援・支援側の状況とに

より時々刻々と変化することから、これらの作業に携わる人々が、救援・支援の中での役割を随時把握できれば作業効率が高まる。

表 5-2 は、我が国の港湾の分類を示している。港湾は全国に約 1,000 あり、規模の大きい方から述べると、国際戦略港湾(5 港)、国際拠点港湾(18 港)、重要港湾(102 港)からなる。

表 5-2 我が国の港湾の分類と数(2013 年 4 月 1 日現在)[3]

区分	定義	港湾例	港湾数
国際戦略港湾	長距離の国際海上コンテナ輸送に係る国際海上輸送網の拠点となり、かつ、国内海上貨物輸送網とを結節する機能が高い港湾。	京浜港(東京港、川崎港、横浜港) 阪神港(大阪港、神戸港)	5
国際拠点港湾	国際海上貨物輸送網の拠点となる港湾。	苫小牧港、仙台塩釜港、伏木富山港、下関港　等	18
重要港湾	海上貨物輸送網の拠点となる港湾。その他の国の利害に重大な関係を有する港湾。	釧路港、釜石港、金沢港、高知港、岩国港、鹿児島港、石垣港　等	102
地方港湾	国際戦略港湾、国際拠点港湾、重要港湾以外の港湾。	石狩港、大間港、魚津港、輪島港、福井港、鏡港、硫黄島港　等	808
避難港 (地方港湾に含まれる)	暴風雨に際し、小型船舶が停泊することを主たる目的とし、通常貨物の積みおろしまたは旅客の乗降の用に供せられない港湾。	松前港、二見港、鷹巣港、下田港、伊良湖港、勝浦港、油谷港、安護の浦港　等	(35)
56 条港湾	港湾区域の定めのない港湾。	昆布刈石港、大川港　等	61
		合計	994

図 5-3 は、2013 年 4 月 1 日現在の我が国の港湾と、南海トラフ巨大地震で使用不能となる恐れのある港湾(図中　　　　内の港湾)を示している。南海トラフ巨大地震で被害を受ける港湾は、国際戦略港湾の東京港・横浜港・川崎港・大阪港・神戸港の 5 港すべてと、国際拠点港湾の千葉港・清水港・名古屋港・四日市港・堺泉北港・和歌山下津港・姫路港の 7 港である。

これら太平洋側に面する国際戦略港湾の5港が被害を受けて使用できない状態になると、外国から我が国へ来る物流の流れが大きく変わり、回復不能となるので、巨大地震および巨大津波に対する防災対策が必要となる。また、国際戦略港湾の5港すべてが甚大な被害を受ける太平洋側に集中しているので、日本海側にも国際戦略港湾を数港追加して整備すべきである。なお、港湾での耐震強化岸壁は平成24年3月現在では全体で68%であり、南海トラフ巨大災害を発生させる港湾の重点的な耐震化を促進すべきである。

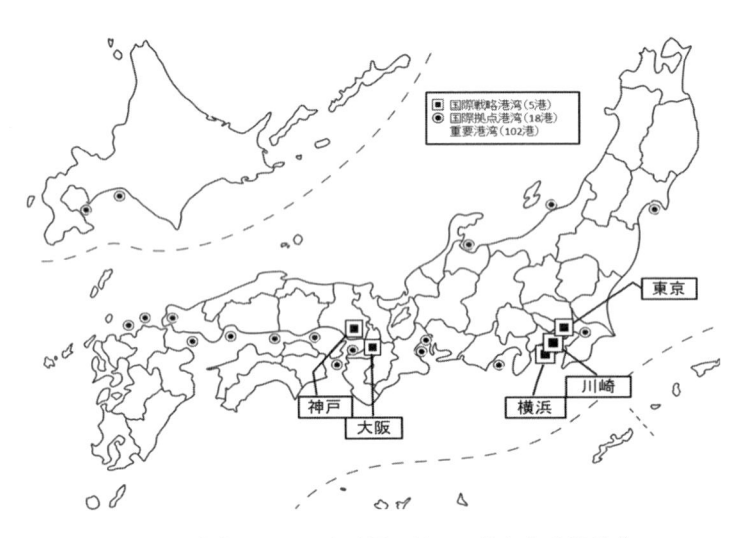

図5-3　南海トラフ巨大地震で使用不能となる港湾[4]

　図5-4は、名古屋港コンテナ船航路図であり、南海トラフ巨大地震で名古屋港が使用不能になると、コンテナ船の流れは一挙に韓国に流れることになり、アジアとの貿易基盤を失うことになる。
　図5-5に、2012年度の我が国の輸出入額を示す。輸出額は63兆7,400億円、輸入額は70兆6,700億円である。中国よりもアジアの取扱量が最も多くなる傾向にある。

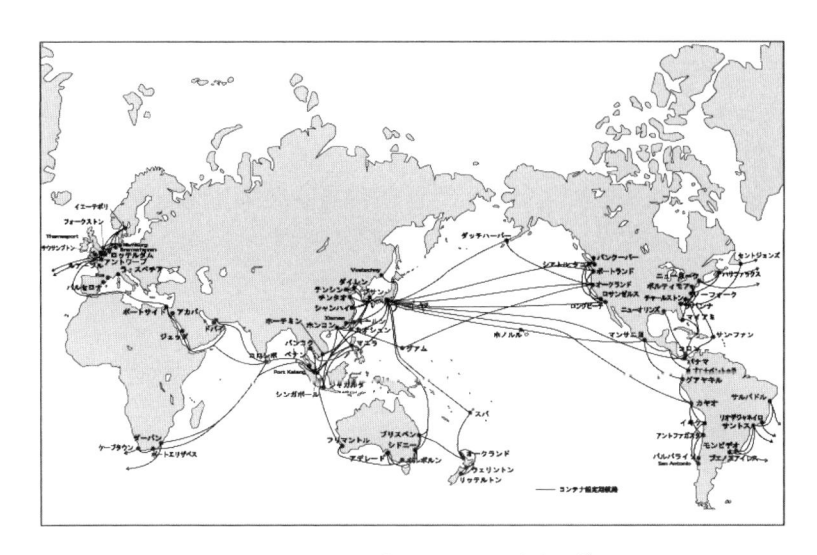

図 5-4　名古屋港コンテナ船航路図[5]

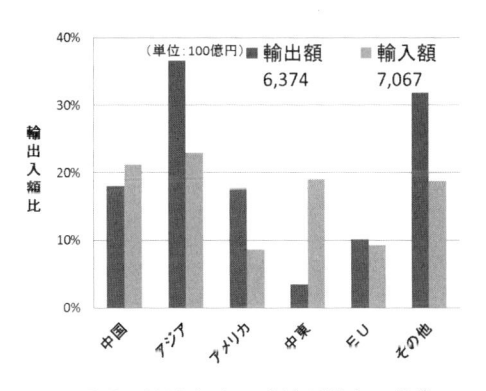

図 5-5　2012 年度　地域別輸出入額[6]

① 解説：南海トラフ巨大地震を見据えた港湾施設の防災対策

　我が国は、食糧に関しては 60%、石油・石炭・天然ガス等のエネルギーに関しては 98% のほぼ全量に近い量を海外からの輸入に依存している。一方、貿易の輸入に匹敵する輸出を確保しないと貿易収支は赤字となり、経済力を持つことができない。我が国は資源が乏しい国であるので、輸入品

を付加価値の高い輸出品に変えて GNP を上げてきた。これらの経済基盤を支えている輸出入貨物のほとんどは、港湾を通した海上輸送である。その意味で、安全な海上輸送航路の確保は我が国の経済活動を左右する重大事である。

航空貨物が占める割合は 0.3% 程度であるが、高価で軽量な物品については航空貨物の利用が多いことから、大型航空機による貨物取扱を担うハブ空港化を進める必要がある。

海上輸送はますます大型化する大型船舶の時代に突入したが、我が国ではそれらの大型船舶を利用ができない現状であり、中国、韓国に大きく出遅れていて、対抗できる基盤整備はできていない。海上輸送の形態は、コンテナ船を利用する場合と、バラ積みするバルク貨物船とに分かれる。バルク貨物とは石炭、鉄鉱石、穀物など包装されずにそのまま船積みされる貨物をいう。

近年、輸送コストを削減するため船舶の大型化が急速に進んでいる。全長 400m を超える大型のコンテナ船が世界の主流になると、港の水深は 16m 以上必要となる。これに見合う大規模な港湾の現有施設数は、日本 3、韓国 9、中国 18 港である。我が国は現状において大きく劣勢状態であるが、これを回復すべき対策として、国際的に基幹となる航路を我が国に寄港させることを目的として展開している国際コンテナ戦略港湾計画が計画されている。しかし、この計画が完成しても、韓国、中国の計画には及ばず、大規模な港湾の施設数は日本 9、韓国 57、中国 111 と圧倒的な差がある。

一方、我が国の産業や国民生活に必要不可欠な資源・エネルギー等の貨物を安定的かつ安価に輸入するには、バルクを取り扱う大型輸送船が利用できる大きな水深を持つ港湾を整備することが必要である。これを推進するために国際バルク戦略港湾の政策が進められているが、それらの港は国際戦略港湾を含めた太平洋側を中心とした港湾であるので、南海トラフ巨大地震により被災する恐れが十分ある。港湾施設は巨大津波に対しては脆弱であり、壊滅的な被害を発生するので、十分な防災対策が必要である。さらに、甚大な被害が予想される太平洋側の港湾以外に、バイパスとして日本海側の港湾を付加すべきである。

(3) 提言-3 救援・支援物資に特化した大型輸送車の開発

　救援物資を運ぶ大型輸送車は、GPS機能に加え、最新の災害情報を受信できるシステムを搭載していると被災地での活動を円滑に進めることができる。また、被災地を走行するためには、ノンパンク車両の開発、悪路を高速で走行した際に積載荷物の損傷を防止できる振動制御機構の導入、大量輸送に特化した荷揚げ荷降ろしを短時間に実施できるコンテナ等の開発、効率良く大量に収容できる荷台の開発が望まれる。

　特殊な重量物でなく通常の物流品を大量に運送するトラックの荷台は、悪路の場合、振動が激しく荷痛みが発生するので、車体、荷台、または積荷の台車に衝撃・振動を吸収できる装置の開発も必要となる。これらの技術開発は平時でも利用頻度が高いので、今後の国際競争に勝てる技術として研究開発すべきである。

(4) 提言-4 大型救援物資および機材の中間地確保

　国土交通省が保有する緊急災害対策派遣隊(TEC-FORCE)等の災害時に活躍する建設機械、発電機等の大型救援物資は、被災地近くの安全な場所(防災基地)に相当数を備蓄しておく。これらの設置場所は、被災地の分布状況と日本列島の長さから考えて、横糸的活用と縦糸的活用のいずれの方向にも活用できる太平洋側と日本海側の中間地点とし、近畿、中京、東海、京浜を対象エリアに数カ所設ける。また、港・空港・主要幹線道路、高速道路、鉄道等との連携活動が可能となるような位置が望ましい。

　基地には機材のメンテナンス、オペレータの教育、宿泊施設、活動機材の補充ができることとする。運営等は、国および関連する行政機関が管理することになる。豪雪時は除雪基地としても活用する。なお、上述した防災センターの設置は国土交通省の本省で全体的視点から決めるべきであり、各地方整備局で決定すると、各地方整備局の管轄圏内のバランスから決められて、連接する地方整備局との関係および日本全体としてのバランスが見落とされる傾向にある。その結果、南海トラフ巨大地震に備えた防災センターの役割が達成できなくなる恐れがある。

(5) 提言-5 緊急時の食糧支援体制の確保

　数千万人以上の被災者に対する食糧支援は最大の問題である。当初は弁当・おにぎり等の個別対応が中心になるが、被災者が多いことから、避難所等には調理した食料を大型容器にて搬入して配給する方式になる。しかし、被災者が多数のため、指定避難所では収容しきれず、避難所に滞在しない被災者が大半を占める状態になっている。避難所は、被災者に対して救援・支援する基幹的なセンターであり、避難所に滞在しているかどうかにかかわらず、すべての被災者に対して救援・支援しなければならない。そこで、大型容器で搬入された食料をどのように小口に分けていくかを検討する必要がある。毎日の食料品の供給量から、避難所に滞在しない被災者の健康状態を管理することができるが、これらの健康管理データをどのように避難所として活用するかが今後の検討課題である。

　長期間にわたって食糧の供給を確保し、提供する食材も量から質へと変化させて、被災者の健康管理と心を癒すことができる食糧支援体制が必要となる。災害時支給食糧の健康メニューの向上と、アレルギー対応食品の識別が容易な献立メニューを開発する。

　財産と生活基盤をすべて喪失した膨大な被災者に生きる活力を持たせるには、毎日の食事の役割は極めて大きい。そのためには、災害発生から時系列に変化する状況変化を考慮した献立メニューを数年規模で作成する必要がある。被災時は、人々は心に大きな傷を持っていることから、これを癒すメニューの配慮も必要である。タンパク質の多い食材は心身に活力を与えるので、栄養士等の参入により、時系歴でのメニューを決めておくことは極めて重要である。

　これまでの大災害では、このような配慮はできなかったが、南海トラフ巨大災害では事前対応ができると考えられる。被災者が極めて多数であり、一刻も早く被災した人々の心の傷を癒し、復興に立ち向かう必要がある。

　一方、人間が生きていくには飲料水が不可欠である。基本的には、被災地での井戸や造水機等を利用した飲料水の確保が前提となり、それを補う量を継続的に支援する。個分けボトル（ポリおよび紙製）での飲料水に加えて、大型容器を用いた飲料水の提供となる。飲料水の衛生管理は伝染病等

の発生に直結するので、大型容器から個人が飲料するまでの経路の衛生管理に注意する。

災害時に継続して救援食糧品の出荷ができる体制（災害支援食糧工場の指定）を確保するため、コンビニ基地、給食センター、大手食品関連産業などの大量に弁当等の食糧生産ができる機関に対する建物の耐震化、電力対策、食糧生産機能の充実、食糧品の搬入・搬出ルートおよび機材・人材の確保を事前に整備する。緊急時の食糧支援を効率的に実施できるシステムの構築として、自家発電設備の整備、食糧および飲料水の大量備蓄、備蓄用大型倉庫の整備、備蓄の食糧および飲料水を長期保存する技術開発、大量備蓄食糧品等の消費期限後の有効利用サイクルの確立、長期保存ができる冷凍および解凍技術等が必要である。

また、冷凍、輸送、解凍、配給、回収の循環システムの最適化を図り、極力ゴミを少なくすることが必要である。これらの防災対策には新しい技術開発を必要とするものもあるが、開発した技術は他の分野でも利用できるので新しい市場の開発にも役立つ。

参考文献

1) 国土交通省ホームページ：「深層崩壊」、平成24年9月10日
2) Yahoo! ブログ画像をもとに作成
3) 国土交通省港湾局ホームページ：「港湾管理者一覧表」、平成25年4月1日をもとに作成
4) 国土交通省港湾局総務課資料をもとに作成
5) 国土交通省中部地方整備局ホームページ
6) 財務省ホームページ

第 **6** 章

超巨大災害に強い産業基盤の再構築

　現在の日本の経済活動基盤は、南海トラフ地震で大被害を発生する太平洋側地方に集中している。南海トラフ巨大災害により工場等が直接の被害を受けなくても、日本列島の大動脈である幹線道路等の流通経路が壊滅的被害を受けるので、完全に機能停止状態になる。また、その回復は長期にわたるか、または不可能となる。この事態による日本沈没を避けるには、リスクに強い国作りを目指す必要がある。現在の太平洋側に集中した産業基盤を、太平洋側と日本海側に分けた産業基盤に変更する。この結果、人口の分散化が行われ日本海側地方都市の過疎化を防止できる利点もある。
　なお、南海トラフ巨大地震が発生すると、地殻変動が大きいことから最悪の場合、既存活火山が連動して噴火することが想定される。日本の経済基盤の再構築は、それらを考慮した再配置を検討すべきである。
　我が国に発生する巨大災害は、その対処法によっては国家と同様に企業の存続に大きく関わる問題である。そこで、各企業が巨大災害のリスクに対してどの程度の安全対策を実施しているかを、株主総会等で公表し、ホームページでも公表することにより、その企業に対する信頼関係が増し、より多くの資金が集まる仕組みも必要である。
　経済基盤が太平洋側地方に集中しているのは、人、物、気候等の長い歴史があり、これを防災対策のリスク回避のみで処理するには、日本海側と太平洋側とが同一条件になるインフラ等の整備を進めることが必要となる。さらに、我が国で従来築かれてきた横糸的交流を縦糸的交流に大きく変えるインフラの整備と施策が必要となる。これらを大局的観点から見れば、現在各地方の県市町村が進めている工場誘致は、国レベルでの方針を反映

した戦略的見地からの対応に変更すべきである。

　南海トラフ巨大地震のような大きな規模の地震が発生すると、その後に大きな余震が数年続くことが、これまでの地震調査から知られている。東日本大震災後、多くの余震が続いたが、大きな地殻変動が発生すると、地下のマグマの流れに影響する場合がある。東日本大震災では富士山のマグマの流れが変動したが、噴火はしなかった。過去の大地震では、巨大地震の発生と、その後に続く活火山の噴火が表 6-1 に示すように関連付けられている。

表 6-1　巨大地震と活火山の噴火の関係

巨大地震	活火山の噴火
1707 年 10 月 28 日 東南海　宝永地震　M8.4～8.7	49 日後　同年 12 月 16 日 富士山　　　　　　　噴火
1856 年 8 月 23 日 青森県沖　安政八戸地震　M7.5～8.0	32 日後　同年 9 月 25 日 北海道駒ケ岳　　　　噴火
1952 年 3 月 4 日 北海道　十勝沖地震　M8.1～8.3	197 日後　同年 9 月 17 日 明神礁(小笠原諸島)　噴火

　南海トラフ巨大災害の後で、富士山等の活火山が連動して噴火すると、日本は完全に壊滅状態となる。静岡、神奈川、山梨の 3 県と内閣府等でつくる「富士山火山防災対策協議会」の報告書[1]によると、1707 年の宝永噴火と同じ規模の噴火が起きた場合、30cm 以上の降灰により避難する対象者は 47 万人と推計している。その内訳は、神奈川県約 40.6 万人、静岡県 6.2 万人、山梨県千人である。一方、噴火では火山灰以外に溶岩流が発生するから、その到達区域内に住んでいる避難対象者は、静岡県と山梨県の 2 件で 75 万人と推計している。30cm 以上の降灰では、その重さで木造家屋は倒壊する恐れがあるので、付近の堅牢な建物へ避難する必要がある（図 6-1）。

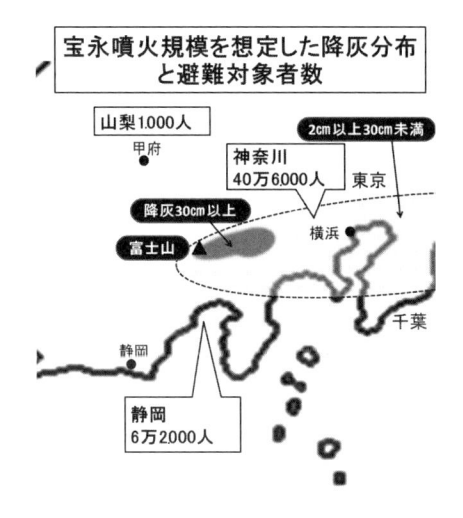

図 6-1　宝永噴火規模を想定した降灰分布と避難対象者

　富士山級の噴火が発生すると、火山灰は上空高く噴き上がり地球を周回することから、航空機の飛行ルートは制限され、東京周辺の飛行はできなくなる。さらに、降灰と日照不足による農作物の壊滅的な被害が発生する。降灰は健康被害を発生させ、工業製品の品質および製造過程に大打撃を与える。また、自動車の運行にも支障する。この結果、すべての生産活動が長期間にわたり停止する状態が続くので、その対応を事前に検討すべきである。降灰による被害を直接的に受ける地域の生産活動のバイパスとして、日本海側に分散した企業の生産基盤の構築が有効である。
　南海トラフ巨大地震の発生により、活火山の噴火が起こるかどうかはわからない。しかし、太平洋側地方が壊滅的被害を受けて、日本海側地方が救援・支援する体制には変わりない。この救援・支援に使用するルートが、活火山の噴火に影響されないかをあらかじめ検討し、より安全で経済的な別のルートをバイパスとして使用する。
　南海トラフ巨大災害に対しては、今回の防災対策は「想定外でした」では済まされない状況であり、すべて「想定内であり、それに対する対策は

十分です」と言える防災対策を立案し、それを実行することしか選択肢はない。

太平洋側にある世界的な自動車メーカーでは、東日本大震災での部品の遅延により自動車の製造が長期間にわたりできなかった。この教訓を受けて、南海トラフ巨大津波に対して自動車生産工場を守るため防潮堤の設置を計画している。このことは防災対策として有効であるが、そこで製造する車種は最高級車であると聞いたとき、唖然とした。

この考えに対する解釈には2通りある。第1の解釈は、危機管理に対して甘いという判断である。日本沈没が生じるかどうかの超巨大災害で誰が超高級車を欲しがるのか大変疑問である。大方のニーズはトラックであり、軽自動車（軽トラック）である。戦後の日本経済は巨大災害に遭遇することなく経済成長をなしてきた。これまでの期間は正に幸運であった。南の島国は、地球温暖化により国土が消滅する危機感を持っている。しかし、日本にいればその危機感はそれほど伝わってこない。当事者と傍観者との決定的な違いである。

これと同じであり、南海トラフ巨大災害は日本の産業基盤を根底から奪い、日本経済を沈没させる恐れが濃厚であるが、それに対して人々がいかに危機意識を持つかにより、問題の深刻さと、その対策の困難さが見えてくる。飽食に暮らした経営者には、最悪シナリオは非常に甘い状態でしか見えてこない場合もある。

一方、第2の解釈は、南海トラフ巨大地震が発生し、日本が沈没するような状況でも、最高級車を生産できることを世界に発信することを目的にしていると捉えることである。しかし、巨大地震後は高級車を世界に向けて輸出できる産業基盤はすべて壊滅しているから、第1の解釈が正しいと考えている。

南海トラフ巨大災害が発生すると日本の国力 GDP はどの程度下がるのか、そのとき、国債の金利はどうなるのか、国債は発行できるのか、隣国による国土の侵略はあるのか等々、多くの危機的状態をシミュレーションする必要がある。

国の経済力は人口と密接に関係する。図6-2は、人口の推移を総務省の統計局の資料を参考に示す。日本はここ70年ほどは人口の伸びがなく、急速に高齢化社会に突入している。国内総生産を見ると、名目GDPは図6-3に示すように横ばい傾向にある。国民1人当たりの国内総生産は韓国や中国よりも高く、米国並みである（図6-4）。

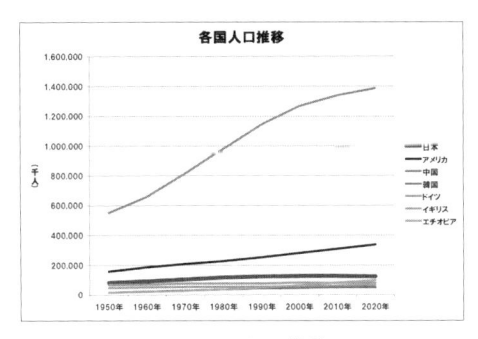

図6-2　人口推移

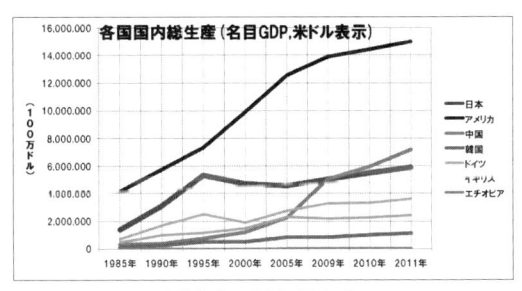

図6-3　国内総生産

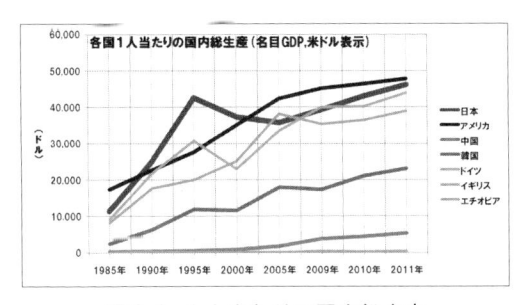

図6-4　1人当たりの国内総生産

しかし、南海トラフ巨大地震に対する対策が不十分であると、壊滅的な破壊が広範囲に発生することから、アフリカ並みのレベルに一挙に降下し、高度に発達した社会基盤を経験している国民にとっては、その社会基盤を急激に失うことから、再起には第2次世界大戦の敗戦の焼け野原から立ち上がった経済復興に費やしたよりも、さらに過酷な苦難があると考えられる。

　南海トラフ巨大地震に対して日本沈没を避けるために、総力でもって防災対策を実施し、被害を最小限にする努力をしなければならないのは、我が国が巨大地震の発生しやすい位置にあることからの宿命である。自然の猛威に対して人類の英知を集めて、この苦難を克服できる新しい技術開発は可能である。

　南海トラフ巨大災害に対する防災対策は、広範囲・広領域に発生する多様な被害に対処した対策が求められることから、激甚被害を防止する新しい技術開発でないと有効ではない。逆境をチャンスと捉えることにより、この新しい課題に対する技術開発は、我が国の高い技術力で達成できると確信している。新しい防災研究・技術により新しい産業分野を創生し、防災に直面している全世界に輸出できる新たな産業へと結びつけることも必要である。

参考文献
1）　富士山火山防災対策協議会：「富士山火山広域避難計画」、2014年

著者略歴

髙畠 秀雄 （たかばたけ ひでお）

最終学歴： 京都大学大学院 博士課程修了
職　　歴： 金沢工業大学 講師、助教授を経て教授
　　　　　同大学附置研究所 地域防災環境科学研究所 所長 兼任
　　　　　現在に至る
学　　位： 工学博士
専　　門： 建築構造解析、耐震構造 他
論 文 等： 国際的 Journal に論文多数

1996～1997 年 日本建築学会理事、日本建築学会大賞選考委員会幹事、会員委員会委員長、選挙管理委員会委員長、構造委員会、応用力学運営委員会、小委員会主査、幹事他

主な著書（いずれも分担執筆）

骨組構造解析法要覧（成岡昌夫・中村恒善編）、培風館、1976 年
建築における計算応用力学の進展、応用力学シリーズ 9、日本建築学会、2001 年
最近の建築構造解析理論の基礎と応用、応用力学シリーズ 11、日本建築学会、2004 年
Tall Buildings : Design Advances For Construction, Edited by J.W.Bull, Saxe-Coburg Publications, 2014
Advances in VIBRATION ENGINEERING AND STRUCTURAL DYNAMICS, INTECH, 2013

南海トラフ巨大地震の防災対策
地域防災のグランドデザイン

2014年9月10日　第1刷発行

著　者　　髙畠　秀雄

発行者　　坪内　文生

発行所　　鹿島出版会
　　　　　104-0028　東京都中央区八重洲2丁目5番14号
　　　　　Tel. 03(6202)5200　振替 00160-2-180883 2

落丁・乱丁本はお取替えいたします。
本書の無断複製（コピー）は著作権法上での例外を除き禁じられています。また、代行業者等に依頼してスキャンやデジタル化することは、たとえ個人や家庭内の利用を目的とする場合でも著作権法違反です。

装幀：石原 亮　　DTP：編集室ポルカ　　印刷・製本：三美印刷
© hideo TAKABATAKE, 2014
ISBN 978-4-306-09436-9　C3052　　Printed in Japan

本書の内容に関するご意見・ご感想は下記までお寄せください。
URL：http://www.kajima-publishing.co.jp
E-mail：info@kajima-publishing.co.jp

図書案内　　　　　　　　　東日本大震災の教訓

巨大津波災害から学ぶ

東洋大学 名誉教授　**赤塚雄三** 著

四六判・並製・128頁　　定価（本体 1,900 円＋税）

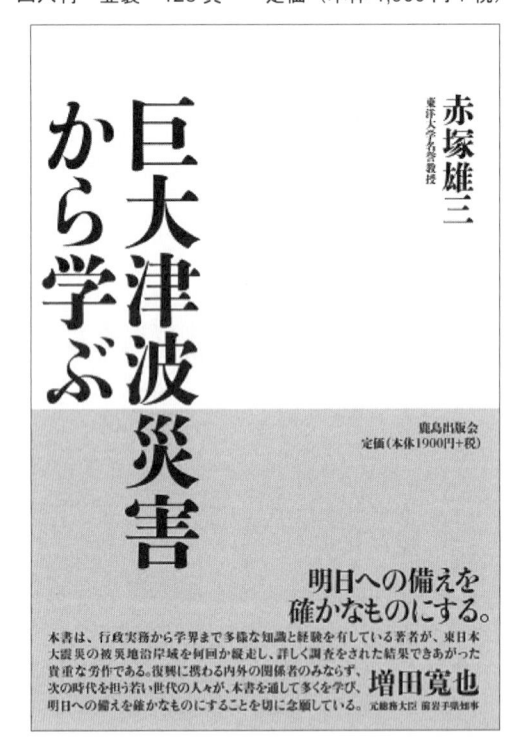

明日への備えを確かなものにする。

本書は、行政実務から学界まで多様な知識と経験を有している著者が、東日本大震災の被災地沿岸域を何回か踏査し、詳しく調査をされた結果できあがった貴重な労作である。復興に携わる内外の関係者のみならず、次の時代を担う若い世代の人々が、本書を通して多くを学び、明日への備えを確かなものにすることを切に念願している。　**増田寛也**　元総務大臣 前岩手県知事

── 主要目次 ──

津波と私たちの生活 ／ 東日本沿岸域の災害 ／ 被災者救済 ／ 復旧・復興計画 ／ 津波災害防止対策 ／ 津波対策と新しい町づくりの課題 ／ 福島第一原子力発電所爆発の影響 ／ 放射能汚染対策 ／ 原子力行政と政治 ／ 東日本沿岸域再生に向けて

株式会社鹿島出版会　〒104-0028 東京都中央区八重洲 2-5-14
TEL. 03-6202-5200　FAX. 03-6202-5204　http://www.kajima-publishing.co.jp/